# La pareja rota

*Familia, crisis y superación*

Prácticos
Claves para Vivir Mejor

**jas Marcos**

a pareja rota

*s y superación*

ESPASA

© Luis Rojas Marcos, 1994, 2003
© Espasa Calpe, S. A., 1994, 2005
    Vía de las Dos Castillas, 33. Ática, Ed. 4. 28224 Pozuelo de Alarcón (Madrid)

Diseño de la cubierta: Hans Geel
Ilustración de la cubierta: Corbis/Cover
Primera edición en Colección Booket: octubre de 2004
Segunda edición: febrero de 2005

Depósito legal: B. 10.580-2005
ISBN: 84-670-1524-1
Impresión y encuadernación: Liberdúplex, S. L.
Printed in Spain - Impreso en España

## Biografía

Luis Rojas Marcos (Sevilla, 1943) es psiquiatra y reside en Nueva York desde 1968. Profesor de Psiquiatría en la New York University, es miembro de la Academia de Medicina de Nueva York y de la Asociación Americana de Salud Pública. Fue director del Sistema Psiquiátrico Hospitalario Municipal de Nueva York de 1982 a 1992, responsable máximo de los Servicios de Salud Mental hasta 1995, en que fue nombrado presidente del Sistema de Hospitales Públicos de la ciudad neoyorquina. Ha publicado numerosos trabajos sobre temas psiquiátricos y de salud pública en revistas científicas estadounidenses. En España colabora regularmente en la sección de opinión del diario *El País* y es autor de *La ciudad y sus desafíos*, *Latidos de fin de siglo, Las semillas de la violencia, Nuestra felicidad, Más allá del 11 de Septiembre* y *La pareja rota: familia, crisis y superación*.

# Índice

*A los hombres y mujeres que se arriesgan y desafían el miedo, el cinismo, la desesperanza, la apatía y el dolor que se interponen en la búsqueda de una unión feliz, después del fracaso de su primer intento.*

# Nota a los lectores

Seis mil millones de seres humanos formamos actualmente la humanidad, repartidos entre los dos sexos existentes: el masculino y el femenino. Todo empieza cuando el fogoso espermatozoide paterno, portador de veintitrés cromosomas o corpúsculos llenos de genes, atraviesa victorioso la envoltura gelatinosa del apacible óvulo materno. El óvulo lo espera a la entrada del útero cargado de otros tantos cromosomas. En ese momento, todos o casi todos quedamos irremediablemente destinados al grupo de *ellos,* construidos de células cuyos núcleos albergan un cromosoma sexual equis y otro ye (XY), o al grupo de *ellas,* dotadas de dos cromosomas equis (XX).

Me imagino que desde el mismo instante en que el *Homo sapiens* adquirió conciencia de la inexorable dualidad sexual de nuestra especie, hace unos cuatrocientos mil años, milenio más, milenio menos, muchas personas se habrán cuestionado la conveniencia de este arreglo divisorio. Algunos se lo plantearán como una incógnita curiosa en algún momento en que se sientan meditativos o filosóficos. No obstante, en mi experiencia, el grupo que más a menudo se hace la pregunta en voz alta de por qué no somos todos hombres o todas mujeres, está compuesto de personas desilusionadas o atenazadas por

11

algún conflicto amargo o doloroso en sus relaciones con el sexo «contrario».

Nadie duda de que, a lo largo de nuestra historia, los hombres y las mujeres hemos convivido felizmente. Hemos compartido todo tipo de proyectos, ilusiones y experiencias, y hemos participado juntos en el desarrollo de la civilización. Pero no es menos cierto que, en bastantes ocasiones, también hemos competido con egoísmo y luchado con rencor entre nosotros. Situación que probablemente instigó a Jean-Paul Sartre a decir aquello de «el infierno es el otro». Es evidente que hasta las parejas más dichosas pueden terminar como perros y gatos al cabo de algún tiempo. De hecho, en la actualidad, en la mayoría de las naciones desarrolladas la mitad de los matrimonios concluyen en divorcio.

Mi objetivo en esta obra es abordar el complejo y penoso proceso de la erosión y muerte del amor entre el hombre y la mujer. Concretamente, trato de presentar a los protagonistas dentro del ambiente social en que vivimos, describir las circunstancias, los efectos y la superación de la ruptura. La separaración es un remedio doloroso, pero casi siempre eficaz, para la enfermedad incurable que aflige a la pareja incompatible, conflictiva e irremediablemente infeliz.

En la preparación de este libro me ha ayudado mucho mi práctica clínica de psiquiatría y, sobre todo, las experiencias que compartieron conmigo las parejas en crisis con las que he tenido la oportunidad de trabajar profesionalmente antes, durante y después de sus rupturas, aunque con el fin de proteger su anonimato no utilizo citas concretas. También me han sido muy útiles mis años de trabajo al frente de los Servicios de Salud Mental de la ciudad de Nueva York. No cabe duda de que el incremento de los casos de parejas rotas tiene profundas implicaciones en el bienestar emocional de una sociedad. Por otra parte, debo advertir al lector que yo mismo he pasado por el divorcio. Lo hago constar simplemente porque esta experiencia personal probablemente ha influido en mi forma de entender y abordar las vicisitudes de las parejas que rompen.

Al exponer el impacto de la ruptura de la relación de pareja, me he servido especialmente de las obras de Morton Hunt, Robert S. Weiss, Judith S. Wallerstein y Helen E. Fisher, con quienes comparto un planteamiento constructivo del tema. También ha influido en mi pensamiento la conceptualización optimista de la naturaleza humana de Erich Fromm, Karen Horney, Erik Erikson y Heinz Kohut. Mis conclusiones toman en cuenta, además, los estudios psicológicos y sociológicos al respecto.

En cierta medida este libro es una ampliación y puesta al día de *La decisión de divorciarse* (Colección Austral, Espasa Calpe, 1986), un ensayo sobre los conflictos, angustias y depresiones que surgen en torno a las separaciones matrimoniales. La necesidad de revisar a fondo y actualizar este tema obedece a los avances que la última década ha producido en el conocimiento de las causas y efectos de la ruptura de la pareja. A esto hay que añadir la evolución que ha experimentado la sociedad de Occidente y, en particular, la estructura de la familia, los modelos de relación de pareja y el papel de los niños.

Para poder realizar este trabajo he contado con el consejo y colaboración de Paula Eagle, Mercedes Hervás, Lucía Huélamo y Gustavo Valverde. A mis amigos y amigas de Espasa Calpe, les agradezco su impulso y entusiasmo con este proyecto.

# PRÓLOGO

El hombre es consciente de sí mismo, de los demás, de su pasado y de sus posibilidades futuras. Es consciente de su autodeterminación, de la brevedad de su vida, de que nace sin su consentimiento y perece en contra de su voluntad, consciente de que morirá antes que aquellos que ama, o aquellos que ama morirán antes que él. Es consciente de su carácter separado, de su impotencia ante las fuerzas de la naturaleza y de la sociedad. Todo esto hace de su existencia solitaria una prisión insoportable. El hombre sabe que se volvería loco si no pudiera liberarse de esta prisión y unirse, de alguna forma, a otro ser humano.

ERICH FROMM, *El arte de amar*, 1956.

La unión con otra persona es la necesidad más profunda que sentimos los seres humanos. La búsqueda de una relación amorosa es una obsesión universal. A lo largo de la Historia y en todas las culturas, los hombres y las mujeres hemos luchado sin cesar por amar y ser amados.

El amor es un sentimiento primitivo plasmado en los genes humanos, un carácter básico y esencial de la humanidad que se manifiesta de las formas más complejas y sublimes. Sin embargo, solo en los últimos veinte años se ha despertado el interés científico en el amor. Hoy la neurociencia considera las emociones que impulsan al hombre y a la mujer a la pasión romántica algo tangible y digno de estudio. Investigaciones recientes han identificado incluso sustancias específicas que juegan un papel importante en los estados pasionales del enamoramiento.

En las sociedades occidentales, casi todas las personas consideran la relación de pareja un paso esencial para lograr el bienestar, para vivir una existencia feliz. No obstante, esta creencia no es impedimento para que ciertas parejas desgraciadas, en algún momento, rechacen la noción de que es preciso soportar a toda costa una relación, aunque esta se haya convertido en una fuente inagotable de frustración y de infelicidad y, como consecuencia, decidan poner fin a su emparejamiento.

En realidad, cada historia de amor es única y su final imprevisible. A veces el romance es intenso y duradero. En la mayoría de los casos la pasión del enamoramiento se transforma en lazos más estables de cariño y amistad. Pero en bastantes ocasiones, la unión de la pareja se debilita, su intensidad se apaga, y es invadida por el resentimiento y el desamor.

Cada era produce su forma única de patología psicosocial. En estos tiempos, el narcisismo es la aflicción que más socava nuestra capacidad para superar los retos y conflictos que necesariamente nos plantean las relaciones afectivas. La personalidad narcisista implica sentimientos de prepotencia y de supremacía moral, la convicción de que el ser humano es el centro del universo, superior a todas las demás criaturas, dueño total de sus actos y poseedor de la verdad. Los hombres y mujeres narcisistas están emocionalmente extasiados, ensimismados, no se pueden unir ni identificar con otra persona porque son incapaces de suspender su desconfianza e incredulidad en el prójimo, lo que les permitiría entrar con amor e imaginación en la vida de los demás, vivenciar genuinamente sus circunstancias y respetar su existencia independiente.

El ambiente social que nos rodea influye poderosamente y configura nuestras relaciones de pareja. Así, cuando la procreación era esencial para la supervivencia de la especie, los hogares compuestos de hombres proveedores y mujeres prolíficas eran obligados. Hoy, sin embargo, la sociedad no valora la maternidad como antiguamente, y la mujer es muy consciente de la poderosa relación entre su fecundidad y el dominio sobre su vida. Por otra parte, el mundo del trabajo ya no está bajo el absoluto control masculino, ni la casa es el ámbito exclusivo de la mujer. Las realidades sociales y económicas se están encargando de transformar el modelo de pareja tradicional, de hombre en el trabajo y mujer en el hogar, en un vestigio del pasado.

En definitiva, el movimiento feminista ha sido un agente de evolución para ambos sexos. Porque la liberación de la mujer también ha desafiado al varón a cambiar su personalidad y estilo de vida, a liberarse de las ataduras de una imagen anticuada, dura y distante, y a convertirse en un ser más afectuoso, expresivo, vulnerable y hogareño.

En cuanto a los hijos, es evidente que hoy el dominio de los padres sobre sus descendientes no es definitivo. Un niño no es una «tabla rasa» en la que simplemente se marcan los deseos y expectativas de sus progenitores. Por otra parte, las criaturas condicionan significativamente a los padres. Son con frecuencia una fuente inmensa de gratificación, pero, al mismo tiempo, cambian por completo la dinámica de la pareja, empezando por el tiempo que restan a su intimidad. Hay que tener presente que hoy la dependencia de los hijos es duradera, y la situación económica y social del momento los empuja a una convivencia con los padres cada vez más larga.

La accesibilidad a la separación y el divorcio ha coincidido con un verdadero disparo en las cifras de parejas oficialmente rotas, pero este hecho no nos explica qué es realmente lo que hace fracasar tantas uniones, ni tampoco por qué existen tantas parejas desavenidas que, aun contando con un acceso relativamente fácil a la ruptura legal, continúan viviendo infelices en su relación.

La vieja noción de que las parejas desgraciadas deben continuar unidas por el bien de los hijos está dando paso al nuevo concepto de que los matrimonios profundamente infelices y sin esperanza de arreglo deben terminarse precisamente para poder salvar, entre otras cosas, el bienestar de los hijos. Es cierto que los niños no suelen percibir la separación de sus padres como una segunda oportunidad, pues a menudo sienten que su infancia se ha perdido para siempre, y esto es parte de su sufrimiento. Sin embargo, la ruptura también ofrece a los hijos nuevas posibilidades de vivir en un hogar seguro y apacible. Existe amplia evidencia que demuestra que un matrimonio plagado de conflictos daña a las criaturas y que bajo estas condiciones los pequeños se benefician de su disolución. Además, una ruptura que permite hacer más dichosos a los padres acaba beneficiando también a los pequeños.

Es un hecho que los efectos de la separación son muy traumáticos. A pesar de que en la mayoría de los países las leyes permiten la ruptura de mutuo acuerdo, sin necesidad de buscar un culpable, resulta verdaderamente sorprendente la intensidad de la violencia que muchas parejas están dispuestas a infligirse el uno al otro. Al mismo tiempo, la confusión y la soledad que sufren durante los primeros meses las parejas rotas son tan devastadoras que la construcción de una nueva vida parece inalcanzable. Sin embargo, poco a poco, y casi por necesidad, estos hombres y mujeres avanzan hacia una nueva definición de sí mismos, hacia un estilo de vida renovado y gratificante. Los estudios más recientes al respecto muestran consistentemente que la gran mayoría de las personas supera con éxito este trance y establece relaciones amorosas nuevas, auténticas, dichosas y duraderas.

En la caligrafía china, la palabra crisis se escribe uniendo los símbolos de peligro y oportunidad. Expresión que capta la esencia del significado de la ruptura de la pareja. Porque este trance implica ambas cosas: un golpe devastador y un esperanzador desafío. El peligro es que la persona se paralice, que no evolucione y que a través de los años continúe estancada como si el fracaso de su relación acabara de ocurrir. La oportunidad que ofrece la ruptura es poder crear una vida nueva, crecer emocionalmente, restaurar la dignidad y fortalecer la capacidad para establecer nuevas relaciones íntimas felices.

La ruptura tiene dos objetivos. El primero es escapar de una relación intolerable, al menos para una de las personas. El segundo, construir una nueva vida. Todos los que inician una separación esperan fervientemente que algo mejor reemplace a la relación fracasada. Este segundo aspecto creativo y reconstructor es mucho más importante que la crisis inmediata a la separación. La meta fundamental es lograr traducir la esperanza de una vida mejor en una realidad. En uno de sus ensayos, Michel de Montaigne escribió: «No hay conocimiento más difícil de adquirir que el de saber cómo vivir bien esta vida». Es posible —pienso— que para saber realmente cómo ser felices en pareja, muchos tengamos que pasar por las tribulaciones de intentarlo más de una vez.

Como señalé en mi libro *La ciudad y sus desafíos,* la existencia es una sucesión de retos que se plantean como reflejo inevitable del continuo progreso de la humanidad. Nunca hemos vivido mejor, y nunca el hombre y la mujer han dispuesto de una mayor variedad de opciones y caminos para buscar su bienestar, su realización y su felicidad. Pero, al mismo tiempo, la vida se torna cada día más compleja y las encrucijadas ante nosotros cada vez más diversas. Sin embargo, las decisiones espinosas y angustiantes que abordamos, en definitiva nos enriquecen, porque nos fuerzan a conocernos mejor, a elegir entre múltiples alternativas y, sobre todo, a acercarnos y unirnos a los demás.

Al abordar las vicisitudes de la pareja, es importante que reconozcamos la imparable evolución del ser humano, desechemos el concepto simple y absolutista del bueno y el malo y aceptemos la inevitabilidad del conflicto. Con sus pasiones, sus ideales, sus responsabilidades y sus opciones, la relación de pareja pone a prueba hasta el límite la capacidad de entrega, compromiso, adaptación y disciplina del hombre y la mujer de nuestro tiempo.

# 1
# FAMILIA, PAREJA Y SOCIEDAD

> La familia es la más adaptable de todas las ins-
> tituciones humanas: evoluciona y se amolda a
> cada demanda social. La familia no se rompe en
> un huracán, como le sucede al roble o al pino,
> sino que se dobla ante el viento como un árbol de
> bambú en los cuentos orientales, para enderezar-
> se de nuevo.
>
> PAUL BOHANNAN, *Todas las familias felices,* 1985.

La familia es la institución paradigmática de la humanidad, el aspecto más extraordinario de la existencia social del hombre y la mujer. Un acuerdo único que concierne al hogar, al amor, a la unión sexual y a la convivencia. El medio singular donde se establecen las relaciones más íntimas, generosas, seguras y duraderas. Los lazos familiares constituyen el compromiso social más firme, el pacto más resistente de apoyo mutuo, de protección y de supervivencia que existe entre un grupo de personas.

Aunque no siempre, la formación del hogar a menudo supone el matrimonio, la procreación, la crianza y educación de los hijos y la interdependencia multigeneracional. La organización familiar se establece y perpetúa sobre la base de profundas necesidades emocionales, arraigadas costumbres y poderosas fuerzas sociales que se nutren de principios e incentivos económicos, políticos, legales y religiosos.

No se conoce otro ambiente social tan pródigo en contrastes, paradojas, conflictos y contradicciones. De hecho, la familia es simultáneamente el refugio donde el individuo se aleja y protege de las agresiones del mundo circundante y el grupo con más alto grado de estrés. El centro insustituible de amor, apoyo, seguridad y comprensión, y, al mismo tiempo, el escenario donde más vivamente se representan las hostilidades y rivalidades entre los sexos, las tensiones intergeneracionales y las más intensas y violentas pasiones humanas. El hogar es a la vez el foco de la generosidad y la abnegación, y el núcleo de la mezquindad y el interés. A pesar de esta profunda conflictividad que caracteriza la vida doméstica, la familia está sometida a inmensas expectativas e ideales inalcanzables de perfecta armonía y felicidad.

En cierto sentido, la institución familiar nos ofrece un punto obligado de referencia, como escenario único que permite observar y analizar la naturaleza y el comportamiento humanos, la evolución de los procesos psicológicos y sociales más básicos y la lucha de las personas por una mejor calidad de vida, por su propia realización y supervivencia. Sin embargo, el estudio profundo de la vida familiar es muy difícil. El hogar constituye una de las esferas más íntimas, privadas y ocultas de la existencia humana. Escondidas celosamente de la luz pública en la mayoría de las culturas, las vicisitudes de la convivencia familiar suelen estar rodeadas de una coraza protectora de tabú y de silencio. No cabe duda de que la gran complejidad de las fuerzas psicodinámicas que se generan en el seno de la familia plantean un enorme reto a nuestro saber.

A lo largo de la Historia, la familia ha evolucionado de acuerdo con los cambios en las costumbres, normas sociales y valores culturales del lugar y de la época. Como institución, ha ido transfiriendo poco a poco sus funciones proverbiales a otros organismos externos especializados que ha creado la sociedad. Así, por ejemplo, la productividad y la economía fueron absorbidas por el mundo de la industria y del trabajo; la educación fue traspasada a las instituciones escolares y religiosas, y lo mismo ocurrió con las actividades lúdicas y de recreo, dominadas hoy por el imperio de los medios de comunicación y de entretenimiento.

Hasta hace relativamente poco, el matrimonio era una función necesaria y esencial de la institución familiar, superior en muchos casos al amor espontáneo y romántico. No era extraño que el hombre y la mujer concertaran el enlace conociéndose muy poco o incluso sin conocerse, con la ayuda de intermediarios o mediante arreglos entre familias. Con una buena disposición, optimismo y suerte, la atracción mutua brotaba en la pareja después del casamiento. Hoy, sin embargo, se busca antes que nada la relación amorosa. El ritual del matrimonio, aunque atractivo socialmente, se ha vuelto accesorio. De hecho, los demógrafos señalan que en las sociedades occidentales, las parejas contraen matrimonio más tarde que nunca y, cada día, más hombres y mujeres optan por permanecer solteros.

La familia extensa tradicional, constituida por padres, hijos, abuelos, tíos, primos y sobrinos en cercana convivencia, es cada vez menos frecuente. Como contraste, la familia llamada nuclear, más reducida, autónoma y migratoria, compuesta solamente de padres y pocos hijos, es el caso más común —en España representa el 70 por 100 de los hogares—. Entre las nuevas formas de relación familiar en auge se incluyen, además, los matrimonios sin hijos, las parejas que habitan juntas sin casarse, unas con hijos, otras sin ellos; los segundos matrimonios de divorciados que agrupan a niños de orígenes distintos, y los hogares monoparentales de un solo padre, generalmente la madre, bien sea separada, divorciada, viuda o soltera. La rápida proliferación de estos nuevos tipos de familia poco convencionales llama aún más la atención si se tiene en cuenta la lentitud con que la sociedad, sus gobiernos y sus líderes se adaptan a ellos, y la escasez de infraestructuras y políticas sociales y económicas que los faciliten.

La familia está inmersa en la sociedad del momento. Su esencia y estructura están impregnadas y moldeadas por los valores culturales de la época. Hoy vivimos en un mundo que está experimentando un proceso de urbanización progresiva. Se calcula que alrededor del 60 por 100 de la población de la Tierra reside en áreas metropolitanas, aunque en ciertos países europeos, España entre ellos, esta proporción sobrepasa ya el 75 por 100.

La arquitectura, el asfalto y el cemento conviven en la ecología urbana junto a las emociones, las ideas y los rituales. Combinación única y peculiar que constituye el instrumento por excelencia de cambio y renovación social. Con sus libertades, sus opciones y su ritmo, el medio urbano actual intensifica nuestro conocimiento y vivencias. Al mismo tiempo, aviva y acentúa los conflictos y dilemas sobre nuestra identidad, nuestro papel en la sociedad y sobre el propósito y significado de nuestras relaciones.

Cada día nos cruzamos cara a cara con cientos de personas. Sin embargo, los contactos suelen ser breves, superficiales e impersonales. La distancia que mantenemos en estos encuentros es una protección estratégica contra las demandas y expectativas de los demás. A su vez, estas relaciones múltiples, apresuradas, cautelosas y distantes nos estimulan la suspicacia, agudizan la intuición para catalogar rápidamente a los

24

demás y priman la razón y el intelecto sobre los sentimientos. Este medio social, variado y multiforme, suscita en nosotros una perspectiva relativista y tolerante hacia las diferencias de nuestro entorno, y fomenta un planteamiento empírico y carente de sentido religioso frente a los desafíos de la vida.

Los hombres y mujeres de hoy nos sentimos menos coaccionados que antes por las reglas y presiones homogeneizantes típicas de la sociedad y tendemos a explorar más fácilmente nuevas direcciones y estilos de vida, a expresar más libremente nuestras convicciones, nuestro inconformismo y creatividad. Como resultado, ciertas actitudes y conductas que antes se suprimían o se ocultaban, hoy se hacen evidentes. La cultura de nuestro tiempo premia también la originalidad, la innovación, lo práctico y lo efectivo. Muchas de las ideas y tendencias o modas insólitas que al principio se consideran extrañas, intolerables o incluso inmorales, llegan con el tiempo a ser aceptadas por la mayoría. Este proceso de cambio dinámico y continuo constituye el mecanismo más importante de transformación de la pareja y la familia contemporáneas.

Muy influyentes en la reconfiguración del hogar y en la aparición de nuevos modelos de relación de pareja son la alta valoración que hoy se asigna a elegir libremente entre múltiples alternativas, a la realización de la persona, a la calidad de vida y a la economía del dinero y del consumo. Sin duda, estas tendencias socioculturales han supuesto para el hombre y la mujer un incentivo para buscar la felicidad de pareja más allá de los antiguos patrones tradicionales de relación, de las normas convencionales o de las viejas costumbres establecidas. Por ejemplo, tanto los nuevos tipos de relaciones como las opciones controvertidas del divorcio o el aborto son en la actualidad mejor aceptados que nunca.

La pareja también ha estado condicionada a lo largo de la Historia por la patología psicosocial de la cultura de la época. Como señaló el sociólogo Christopher Lasch, el mal de una era suele manifestarse en la expresión exagerada de los rasgos del carácter de los hombres y mujeres que forman la sociedad del momento. Desde finales de los años sesenta ha brillado la *generación del yo,* el culto al individuo, a sus libertades y a su cuerpo, y la devoción al éxito personal. La dolencia cultural que padecemos desde entonces es el narcisismo, aunque, según dan a entender estudios recientes, la comunidad de Occidente está siendo invadida ahora por un nuevo mal colectivo: la depresión.

La prevalencia del síndrome depresivo está aumentando en los países industrializados, y las nuevas generaciones son las más vulnerables a esta aflicción. Así, la probabilidad de que una persona nacida después de 1955 sufra en algún momento de su vida de profundos sentimientos de tristeza, apatía, desesperanza, impotencia o autodesprecio, es el doble que la de sus padres y el triple que la de sus abuelos. En Estados Unidos y en ciertos países europeos, concretamente, solo un 1 por 100 de las personas nacidas antes de 1905 sufrían de depresión grave antes de los setenta y cinco años de edad, mientras que entre los nacidos después de 1955 hay un 6 por 100 que padece de esta afección. En cierto modo, se puede decir que de padres narcisistas están naciendo hijos melancólicos.

Algunos expertos señalan que la actual proliferación del pesimismo y la desmoralización es consecuencia de la descomposición del modelo tradicional de familia o del alto índice de rupturas en las relaciones de pareja. Otros lo achacan a la vida estresante y plagada de luchas de las grandes urbes, a la doble carga del trabajo y el hogar que soportan las mujeres, al estado de continua frustración que ocasiona el desequilibrio entre aspiraciones y oportunidades, o al sentimiento de fracaso que produce la persecución obsesiva e inútil de ideales inalcanzables.

Independientemente de la importancia que tengan estos factores en la transición de la cultura del narcisismo a la era de la depresión, la fuerza impulsora más potente de este cambio está en el hecho de que las estrategias narcisistas están perdiendo su eficacia y atractivo entre los hombres y mujeres de hoy.

Las tácticas egocéntricas se nutren de la convicción de que el ser humano es el eje del universo, superior a todas las criaturas vivientes, dueño total de sí mismo y poseedor de la verdad absoluta. El narcisista es incapaz de relacionarse verdaderamente con su pareja porque no puede interrumpir su fijación en sí mismo ni por un momento para poder entrar con empatía, con comprensión y con afecto en la vida de la otra persona y aceptar su naturaleza independiente.

A pesar de sus ingredientes patológicos, las defensas narcisistas nos resultan muy útiles porque mantienen nuestra capacidad de autoengaño —la más humana de todas las cualidades del ser humano— y configuran un escudo protector contra nuestra conciencia de fragilidad, de pequeñez y de impotencia. Esta es precisamente la razón por la que, a medida que nos despojamos de la coraza de omnipotencia, experimentamos paralelamente sentimientos de aprensión, de vulnerabilidad y de baja autoestima.

Es evidente que la caída del pedestal intocable de la prepotencia narcisista produce salpicaduras depresivas. Pero a la larga resulta enriquecedor para nosotros y nuestras relaciones sentimentales. Después de todo, la mejor prescripción para enfrentarnos con los continuos retos y dilemas que nos plantea la vida moderna es reconocer sencillamente que somos una mera fracción del universo, que dependemos irremediablemente de otros, y que el conflicto es inevitable. No menos importante es aceptar que estamos sujetos a un proceso imparable de evolución, que existen fuerzas incontrolables, desconocidas o inconscientes que influyen poderosamente sobre nuestros deseos, actitudes y conductas, y que nuestra valoración del comportamiento de los demás depende de dónde nos situemos, de nuestra capacidad de ubicarnos genuinamente y con afecto en el lugar de la otra persona.

En realidad, dentro de un marco psicosocial, pienso que la llegada de esta era de depresión constituye un avance en el desarrollo del ser humano y de sus relaciones. Un paso necesario y positivo, porque refleja el triunfo de las fuerzas inexorables del conocimiento y de las raíces humanitarias del hombre, y es la derrota de la arrogancia narcisista y de los absolutismos simplistas. Un estado de ánimo colectivo, cargado de dudas y desasosiegos, quizá sea el peaje obligatorio que tengamos que pagar por conocernos mejor, por sentirnos más humanos, por apreciar nuestra necesidad de relacionarnos y depender de otros y, en definitiva, por ponernos al día. De esta forma, la patología cultural de nuestros días ha influido notablemente sobre las relaciones de pareja y ha impulsado a los hombres y mujeres a replantearse sus papeles y a revisar sus expectativas.

Los valores sociales han configurado otros aspectos importantes de la relación entre hombre y mujer. Así, como apunté en el prólogo, cuando la procreación era esencial para la supervivencia de la especie, la familia de padre proveedor y de madre prolífica era necesaria o casi inevitable. Hoy, sin embargo, el mundo laboral y de las profesiones ya no está bajo el absoluto dominio masculino, ni el hogar es el ámbito exclusivo de la mujer. La imagen familiar tradicional del hombre en el trabajo y la mujer en la casa ha sido relegada a la Historia, y las realidades sociales y económicas se han encargado de transformarla de un ideal que hubo que defender, en una reliquia del pasado.

Los movimientos feministas han permitido a la mujer abrir una brecha definitiva en la estructura social del poder masculino, penetrar en el reino exclusivo de la economía, de los negocios, de las profesiones y del poder político controlado tradicionalmente por el hombre. Resulta paradójico que a medida que la población femenina progresa, se libera y supera los obstáculos que históricamente la cultura ha interpuesto en su camino hacia la realización, las normas sociales de belleza y perfección física se hacen más exigentes e inalcanzables, y la preocupación de las mujeres por su cuerpo aumenta geométricamente. A menudo, parece como si la belleza corporal fuese el único mensaje claro y coherente que muchas mujeres reciben de la sociedad actual, y, como consecuencia, el atributo más importante al que aspiran, aunque interfiera con su individualización, sus opciones y su libertad. Pues, como se ha dicho, el hambre de perfección es el sedante sociopolítico más poderoso en la historia de la mujer.

A su vez, los hombres, a quienes la sociedad no impone tantas expectativas de perfección corporal, también aceptan, o incluso persiguen, los elementos que configuran la imagen física ideal del sexo femenino. Pautas que usan no solo como criterio para juzgar a las mujeres, sino también para realzarse indirectamente ellos mismos si su pareja reúne las deseadas cualidades. Para algunos, la mujer es en efecto una posesión, y su belleza es como una especie de moneda en la economía de mercado y de consumo.

En los últimos años, la preeminencia social masculina ha sido paulatinamente invadida por la cultura feminista. Como consecuencia, la mujer ha desafiado al hombre a cambiar su personalidad y a adaptarse a una nueva dinámica de pareja. La metamorfosis de la mujer ha producido irremediables cambios de ajuste en el varón y, en gran medida, le ha impulsado a tornarse en un ser más abierto y cariñoso. El movimiento feminista ha sido, en definitiva, un agente de evolución para ambos sexos, y mientras las mujeres se están liberando de los estereotipos del pasado, los hombres tratan de deshacerse de aquella imagen varonil trasnochada, severa y difícil de soportar.

Estos cambios evolutivos en la sociedad de nuestro tiempo dan lugar a que la función y el carácter de la pareja sean constantemente debatidos y escudriñados. Cuestiones como la discriminación de la mujer en el trabajo, el aborto, el acoso sexual y la violencia doméstica han pasado de ser consideradas reivindicaciones feministas a tópicos de interés general, tratados abiertamente por los medios de comunicación. En gran parte, los polémicos y amargos debates que saltan a la luz pública no son más que el reflejo de los conflictos que actualmente conmueven la frontera entre el hombre y la mujer, y de la lucha de la pareja por liberarse de los atavismos y exigencias del ayer. Controversias que se encienden y se avivan por la clásica concepción simplista del bueno y el malo, de la víctima y el verdugo, una tesis ingenua y absoluta que no permite término medio y que dejó de ser útil hace mucho tiempo.

Los nuevos modelos de relación de pareja se basan en expectativas de igualdad un tanto idealizadas, y contienen aspiraciones feministas y una dosis importante de la nueva sensibilidad masculina. Como consecuencia, a la pareja de hoy se le exige no solo ser mejores amigos, compañeros íntimos y cónyuges sexuales, sino la realización profesional o laboral de ambos fuera del hogar y la mutua participación activa en el cuidado y educación de los hijos.

Para muchos, este concepto de relación igualitaria impone unas exigencias casi míticas. A pesar de todo, este es el modelo de unión al que aspiran cada vez más hombres y mujeres. Y aunque no son pocos quienes señalan con preocupación las altas cifras de separaciones y divorcios que se están produciendo, lo sorprendente de las nuevas relaciones de pareja no es que fracasen a menudo, sino la cantidad de ocasiones en las que logran florecer.

A pesar de las amplias libertades y las múltiples alternativas que ofrece la sociedad actual, el hogar sigue siendo la fuente primordial de felicidad y de significado en la vida del hombre y de la mujer. Recientes encuestas en Europa y Norteamérica muestran, por ejemplo, que para la inmensa mayoría de los adultos la convivencia de pareja dentro del ámbito de un hogar es la aspiración más importante. De hecho, la búsqueda de la unión feliz es particularmente intensa en estos tiempos. La razón es que el vertiginoso ritmo de vida cotidiano provoca en las personas una gran necesidad de compañía, de intimidad y de apoyo emocional. Parece que cuanto más impersonal, más compleja y tecnológica es la existencia, más agudo es el anhelo de contacto humano, de amistad y de comprensión. Como señaló Erich Fromm en *El arte de amar:* «El ansia de relación es el deseo más poderoso en el hombre, la pasión fundamental, la fuerza que aglutina a la especie humana, al clan, a la familia y a la sociedad. La solución total de la existencia es la unión entre personas, la fusión con otro ser, el amor».

# 2
## LA BUENA MADRE

Antiguamente, cuando los maridos prohibían a sus esposas trabajar fuera de casa, la mujer consideraba a los hombres la causa de su opresión. Hoy, las mujeres son libres de elegir entre un trabajo, el hogar o hacerlo todo. La fuente de opresión de la mujer ahora es su profunda necesidad de hacer feliz a todo el mundo y la culpa que siente cuando irremediablemente fracasa en su empeño.

PAULA F. EAGLE, *Confesiones de una madre,* 1993.

La imagen emblemática de la madre, esa mujer generosa, omnipresente y resignada, cocinera ideal, ama de casa segura, discreta, sufrida y siempre rebosante de instinto maternal, está siendo vapuleada violentamente en el escenario moral donde hoy se debate la nueva maternidad. Las mujeres occidentales, acosadas por esa figura idealizada de madre, se sienten a disgusto frente a un papel que, aunque quisieran, no pueden desempeñar. Atrapadas entre esa ficción maternal imaginaria, las expectativas feministas, las exigencias de la calidad de vida y las realidades económicas, las mujeres de hoy buscan desesperadamente y a tientas una nueva definición de buena madre.

La condición de mujer ha experimentado una asombrosa evolución en las últimas décadas, impulsada por los cambios en las actitudes y normas sociales y por las nuevas prioridades femeninas. El ímpetu feminista y la disponibilidad de métodos de control de natalidad seguros y efectivos han sido los dos acontecimientos de más peso en esta transformación. Han dado lugar a una mayor igualdad de oportunidades entre los sexos y a la liberación sexual de la fémina. La valoración de la maternidad no es solo biológica, sino también cultural. Es cierto que la sociedad de hoy no estima tanto la maternidad como antiguamente, cuando la inmediata supervivencia de la especie humana dependía de la fecundidad femenina.

Si una mujer actualizara su potencial biológico, daría a luz a unos veinticinco niños en el curso de su vida fértil. Sin embargo, la mujer actual no suele querer más de dos hijos, y prefiere tenerlos una vez que ha decidido constituir una familia y ha conseguido cierta estabilidad económica. La mayor parte de las mujeres actuales considera una desventaja tener muchos hijos, una carga emocional y económica y, en definitiva, un obstáculo en su camino hacia la plena realización. De hecho, cada día son más las mujeres conscientes de la estrecha relación que existe entre procreación y supervivencia propia, entre el control de su capacidad reproductiva y el dominio sobre su vida.

Hoy día, en la mayoría de países industrializados se permite la interrupción del embarazo bajo ciertas condiciones, y el aborto constituye un procedimiento médico seguro, efectivo y económico. La situación no es óbice para que estalle un enorme conflicto emocional cuando la mujer se enfrenta con la disyuntiva de elegir entre una maternidad que no quiere y un aborto que aborrece. En la actualidad, las mujeres optan por la interrupción del embarazo bien porque el feto sufre graves malformaciones, bien porque fueron violadas o víctimas de incesto; en ocasiones porque padecen incapacidad física o mental, o porque les falta el apoyo del compañero o de la familia; también por razones económicas, exigencias profesionales, aversión al papel de madre, o simplemente por no desear tener hijos en ese momento de su vida.

Cada día más legislaturas y tribunales reafirman la esencia del derecho de la mujer a interrumpir el embarazo antes de la viabilidad de la gestación. Esta tendencia, cuyas raíces están alimentadas por la lucha en favor de la autonomía e igualdad de la mujer, refleja también empatía, o la capacidad de la sociedad para vivenciar la realidad femenina de nuestro tiempo, para ubicarse en la difícil encrucijada de las embarazadas de hoy. Como indicó el Tribunal Supremo de Estados Unidos en 1992: «La libertad de la mujer está en juego de una forma inigualable en la condición humana... La madre que lleva a término un embarazo está sujeta a ansiedades, limitaciones físicas y dolores que solo ella debe soportar. El hecho de que estos sacrificios hayan sido sobrellevados por la mujer desde el principio de la raza humana, con un orgullo que la ennoblece ante los ojos de los demás y que crea entre ella y el hijo una unión de amor, no puede ser por sí solo el fundamento que permita al Estado obligarla a que haga semejante sacrificio».

Dentro de la pareja, compartir la decisión de interrumpir la gestación resulta difícil para ambos, porque con frecuencia albergan sentimientos conflictivos sobre la responsabilidad y el papel que cada uno jugó en el embarazo. Por otra parte, por razones biológicas obvias, el varón vivencia el embarazo como un concepto abstracto, como algo fuera de él, y sólo en la medida que se lo permite la mujer. De todas formas, cada día son más las parejas que comparten íntimamente el proceso completo de la reproducción.

Hoy casi todas las mujeres están convencidas de que para participar en igualdad de condiciones en la vida económica, política y social de nuestro tiempo es esencial poder controlar su fecundidad. Cierto es que esta actitud no les impide experimentar un profundo sentimiento de realización y de dicha cuando buscan la maternidad y la consiguen; pero tarde o temprano la gran mayoría se enfrenta al penoso desafío de compaginar su misión doméstica de madre con sus intereses o actividades profesionales de mujer. Dilema que a menudo se torna amargo e inquietante, y que refleja la complejidad, la confusión y el enorme reto que supone ser madre en los umbrales del nuevo siglo.

La participación de las madres en el mundo laboral es cada día mayor en los países occidentales. En Estados Unidos, por ejemplo, solo el 20 por 100 de las mujeres con hijos menores de seis años trabajaban en 1960, mientras que hoy trabajan el 62 por 100. En España la tendencia es similar, y cada día hay menos mujeres que abandonan el mercado laboral al contraer matrimonio o tener hijos. De hecho, unos sondeos oficiales recientes destacan que el 75 por 100 de la población femenina española muestra una actitud favorable hacia la compatibilidad del trabajo y la maternidad.

Si bien algunas madres de clase acomodada eligen una ocupación fuera de casa para realizarse profesionalmente, muchas lo hacen por imperativos económicos. Con el tiempo, incluso aquellas que se ven obligadas a trabajar por un salario, descubren beneficios inesperados: un nuevo sentido de identidad, una mayor participación en la sociedad, un escape temporal reconfortante de los niños y de las labores domésticas —lo que les permite gozar de una mejor disposición durante el tiempo que comparten con los hijos— y, sobre todo, el orgullo de su independencia. Aunque algunas anhelan la seguridad del modelo antiguo de hombre proveedor y mujer ama de casa, la mayoría han presenciado a su alrededor la dura realidad de la separación, el divorcio o la viudez y saben apreciar el valor de la autonomía que ofrece un empleo remunerado.

Por otro lado, a un nivel racional, las mujeres que trabajan generalmente reconocen que el estar en casa todo el día no las convierte automáticamente en buenas madres. Además, sus actividades fuera del hogar se han vuelto tan esenciales para su identidad que nunca se atreverían a abandonarlas para desempeñar el papel de madre proverbial de dedicación completa, aunque esto signifique una doble jornada de trabajo, en la empresa y en la casa.

La situación más penosa y conflictiva se da entre las clases socioeconómicas bajas, en las que con frecuencia la mujer se ve obligada a trabajar para subsistir, en tareas monótonas sin iniciativa ni creatividad, por un sueldo mínimo que ni siquiera le permite asegurar el cuidado de las criaturas que deja en casa durante la jornada. Estas circunstancias plantean a cualquier madre uno de los dilemas más difíciles y abrumadores de su existencia.

Bien por ser madres cabeza de familia, o por no poder contar con el compañero, muchas mujeres tratan de abordar solas el sinfín de problemas, tanto prácticos como existenciales, que implica el cuidado de los pequeños, incluidos los constantes agobios económicos y otras preocupaciones más sutiles sobre su papel de mujer en la sociedad o sobre el futuro desarrollo psicológico de los niños. Estas mujeres a menudo se encuentran alienadas y desorientadas en un terreno extraño, educando a sus hijos en un ambiente totalmente diferente de aquel en el que ellas mismas crecieron. Luchan solas, sin el apoyo de la pareja, sin la ayuda de la sociedad ni de sus instituciones, y sin un guía o mentor que las dirija o aconseje. Con todo, no pocas se sienten en el fondo orgullosas al darse cuenta de que, contra tantos pronósticos pesimistas propios y de la sociedad, están llevando a cabo una buena labor de madre.

Sin embargo, la imagen ideal de madre hogareña y consagrada, de *supermadre,* siempre de buen humor, siempre dispuesta a atender con paciencia y cariño inagotables a los niños y al marido, a escuchar, a comprender y a proveer en todo momento apoyo incondicional, está tan inmersa en nuestra cultura que muchas madres que trabajan se sienten en su fuero interno inadecuadas. Piensan que no dan la talla, que no son buenas madres, independientemente de la armonía familiar que disfruten o de lo sanos o contentos que estén los pequeños. En España, según encuestas oficiales, el 50 por 100 de las madres que trabajan se sienten inseguras, creen que están faltando a sus deberes de madre.

En parte, la enorme dureza con la que las madres de hoy se juzgan a sí mismas es debida a que la imagen materna que brinda nuestra cultura, y que ellas han asumido, no invita a la tolerancia al no permitir el término medio: *la madre razonablemente buena.* Y es que los símbolos maternos tradicionales y legendarios solo han representado los extremos opuestos: bien la madre perfecta y virtuosa, fuente inagotable de amor y de vida; bien la madre egoísta, malévola y perversa —frecuentemente protagonizada en la literatura por la figura de la madrastra— que sólo imparte el odio y la desgracia.

Por otra parte están los mitos que rodean al *instinto maternal,* como esa fuerza natural e irresistible, propia de los genes femeninos, que presuntamente equipa por igual a todas las mujeres con los talentos y las cualidades emocionales de una madre feliz y afectiva. Al confiar plenamente en estos impulsos naturales, cuando la experiencia de la crianza de los niños no coincide con las expectativas, muchas mujeres, presas de la confusión y de la angustia, llegan a cuestionarse su identidad y hasta su propia naturaleza femenina. Hoy, sin embargo, sabemos que entre los seres humanos la disposición y las aptitudes necesarias para ser una buena madre no dependen de una energía instintiva, sino de ciertos aspectos temperamentales de la persona y de fórmulas y comportamientos que en su mayoría se aprenden. De hecho, algunas mujeres aprenden estas técnicas y conductas mejor que otras, y no hay razón alguna para que los hombres no las puedan aprender también.

Todos los arquetipos son resistentes al cambio, pero uno tan potente como el de la figura materna resulta especialmente tenaz, a pesar de que la misión maternal se ha transformado en realidad como del día a la noche y la evidencia sea incuestionable. La imagen idealizada de la madre, labrada en la vieja losa de la división sexual del trabajo que forzó a la mujer al aislamiento, a la dependencia y a la desigualdad, aún perdura en la memoria colectiva, envuelta en el celofán brillante de la nostalgia, de los mitos y de los sueños. Está claro que la presencia de la nueva mujer nos desafía a revisar el contrato social entre la madre, la pareja, la familia y la sociedad.

El ser humano ha sido preparado por el proceso evolutivo para hacer ciertas cosas con más habilidad que otras. Y aunque reconocen que es aventurado predecir el futuro, estos expertos usan la historia evolutiva como guía y señalan, convencidos, que la mujer continuará su progreso hacia una mayor autonomía y participación en el mundo laboral. Cada día serán menos las mujeres que consideren el matrimonio como una carrera, o perciban la maternidad como una ocupación vitalicia de dedicación completa. De hecho, el ama de casa, desde una perspectiva antropológica, es más una invención de las sociedades jerárquicas que un papel natural del ser humano.

Sin embargo, el entendimiento todavía extendido de la maternidad como una carrera dedicada en exclusiva al cuidado del hogar y de los hijos ha creado una estructura familiar desequilibrada y frágil, apoyada sobre una imagen conflictiva que separa peligrosamente la madre de la mujer. De forma que mientras eleva a la figura idealizada y «abstracta» de madre en un pedestal, arrincona a la mujer real y «concreta» en la casa, y la deja sola e impotente.

Aunque entre no pocos sectores sociales la figura de madre que encuentra su felicidad en la dedicación completa a la casa no merece gran respeto, la realidad es que esta imagen todavía representa para muchos la única buena madre, la autoridad moral de la maternidad y, por tanto, el reproche y la censura de las madres que trabajan.

Precisamente, una de las cuestiones más apasionantes y polémicas dentro del mundo de la psicología académica es si las madres que trabajan ponen o no en peligro la seguridad emocional, el desarrollo intelectual o la felicidad futura de sus hijos. Las premisas centrales de esta pregunta han generado agrios intercambios entre los investigadores que se ocupan de estudiarlas, y han inculcado el miedo y la culpabilidad en miles de madres.

Según un grupo de profesionales, cualquier restricción de la presencia materna durante la infancia crea un estado siniestro de carencia en los hijos, y les provoca temores y sentimientos profundos de inseguridad y de abandono. Para estos profesionales, los primeros años de la vida son la única oportunidad que tiene el niño para recibir la indispensable protección de todos los peligros, abusos y libertinajes del medio cultural que le rodea. Por eso, la idea de la guardería y sus posibles efectos en las criaturas ha sido durante mucho tiempo el detonante que hace estallar todos los miedos y fantasías sobre el papel de la madre. Pero estudios empíricos recientes coinciden en que los pequeños que se crían con madres que trabajan fuera de la casa crecen con completa normalidad, siempre que sean deseados por sus padres, que estén bien atendidos por terceras personas y que estos cuidados, incluso en guarderías, sean responsables y no exentos de cariño. La evidencia demuestra que la gran mayoría de los bebés y niños pequeños pueden, sin dificultad, crear lazos con otras personas e incorporar nuevas relaciones a su repertorio emocional.

De hecho, expertos en el desarrollo infantil apuntan que las madres que trabajan y están satisfechas representan modelos muy positivos para los hijos. Estimulan en los pequeños varones mayor sociabilidad y una actitud más firme hacia la igualdad de la mujer, y en las niñas, un alto espíritu emprendedor y un sentimiento superior de autoestima y de independencia. Hoy se acepta que las mujeres que viven una relación equilibrada entre la familia y sus ocupaciones, tienen mayores probabilidades de adoptar una disposición constructiva y optimista con sus hijos que aquellas que se sienten atrapadas en su papel de madre o subyugadas en el trabajo.

La buena madre no se configura a base de fuerzas instintivas o misteriosas, ni tampoco con símbolos idealizados inalcanzables, sino con atributos temperamentales femeninos concretos. La responsabilidad legendaria de la mujer de proteger la supervivencia de la especie humana la ha dotado de una capacidad especial para vincularse al proceso diario de sustentación de la vida. También le ha aportado una enorme aptitud para la intimidad y para relacionarse, y una gran habilidad para integrar en lugar de separar. La mujer, por naturaleza, posee una escala de valores que la hace preferir la igualdad y resistir las jerarquías, situar el bienestar y el desarrollo tangible de la persona por encima de conceptos abstractos, sentir una firme antipatía hacia la violencia, una clara preferencia por la negociación y el consenso como métodos predilectos para resolver conflictos. Estas son, precisamente, las cualidades vitalistas y humanizantes de la buena madre.

# 3
# HAMBRE DE PADRE

La transformación de la figura materna es solo
una parte de la historia. Dado que el hombre y la
mujer son criaturas complementarias, cualquier
cambio en la maternidad inevitablemente genera
una transformación adaptadora en la paternidad.
En efecto, el nuevo padre es el producto más re-
volucionario y positivo de la feminización de la
sociedad.

ELINOR LENZ y BARBARA MYERHOFF,
*La feminización de América,* 1985.

Desde el punto de vista psicológico y sociológico, el padre
ha sido siempre un actor impalpable, impreciso, una figura
oscura, que cuando aparece en el escenario del hogar lo suele
hacer entre bastidores, en un segundo plano, en la más sutil
letra menuda de la saga familiar.

La figura paterna tiene raíces legendarias. Los padres mi-
tológicos vivían en los cielos o en las cimas de los montes, y
dominaban a sus descendientes y afines desde las alturas y la
distancia. A pesar de su omnipotencia, estas deidades supre-

mas sabían que su ineludible destino era ser derrocadas por un hijo. Fatídica suerte que explica la suspicacia, hostilidad y ambivalencia habituales que los dioses padres sentían hacia sus hijos, sobre todo los varones. Sin duda, el mito de Zeus, la tragedia de Edipo o el drama de Hamlet nos instruyen metafóricamente sobre los misterios de la relación entre el padre y los hijos de nuestro tiempo.

Al no tener el hombre una conexión biológica con sus hijos tan directa como la mujer, el primer desafío que se plantea un padre es elegir su misión, su papel, la personalidad que va a caracterizar su identidad dentro del ámbito doméstico. Hay padres que escogen el papel del hombre cazador primitivo que necesita estar totalmente libre de las responsabilidades de la crianza dc los hijos para podcr proveer o proteger a la madre y a la prole. Otros representan el personaje de rey mago que, estando casi siempre fuera de casa, nunca retorna al hogar sin traer regalos para todos. Ciertos padres adoptan el modelo del amigo, del compañero, y no tienen una presencia real hasta que los hijos no son lo suficientemente mayores como para hablar con conocimiento de temas que a él le interesan. Otros desempeñan la misión de autoridad moral suprema, de gran inquisidor o de juez que dictamina lo que está bien y lo que está mal, carácter que confirma la madre abrumada que, al caer la tarde, advierte a sus hijos traviesos: «Cuando llegue vuestro padre, os vais a enterar». Aunque estos papeles pueden diversificarse, superponerse o conjugarse en un solo patrón de paternidad, todos coinciden en una característica: el ejercicio de la responsabilidad paterna a distancia.

En la vida cotidiana, el padre es el eslabón débil de la cadena afectiva que enlaza a los miembros del clan familiar. A lo largo de la historia del hogar, los padres han brillado, sobre todo, por su ausencia. Cada día hay más niños que son criados solamente por la madre. En Estados Unidos, por ejemplo, el 23 por 100 de los menores de dieciocho años viven actualmente solo con la madre, el doble que hace veinte años. En España, en 1997 había 300.000 familias monoparentales configuradas principalmente por mujeres solas con hijos menores de dieciocho años a su cargo. Por otra parte, estudios recientes indican que incluso en hogares donde el padre está presente, este no pasa con los hijos por término medio más de un tercio del tiempo que la madre.

Existen diversas razones de ausencia tangible del padre: la muerte, la deserción del hogar, la paternidad ilegítima, la separación o el divorcio. La desaparición del progenitor es siempre traumática para el hijo. Mientras que la muerte del padre tiene, por lo general, un carácter natural o irremediable e inflige penosos sentimientos de duelo, de pérdida y de tristeza, la ausencia paterna por otras causas, incluyendo la ruptura de la pareja, es considerada por los niños un rechazo evitable, y produce confusión, angustia, culpa, rabia, y emociones profundas de desprecio o de abandono. En todo caso, e independientemente del motivo o las circunstancias, ante las criaturas sin padre a menudo se alza un mundo abrumador y temible, colmado de amenazas, como el monstruo de los cuentos. Lo peor es que parece que solo él, ese padre ausente, puede ayudarles a vencer a ese monstruo.

Incluso entre las familias intactas y bien avenidas son demasiados los padres que, cumpliendo con alguna ley biológica de vida, mueren antes de que los hijos hayan podido sincerarse con ellos, abrirse, reconciliarse o hacer las paces. Para estos hijos, la memoria del padre siempre es, en parte, un momento de vacío, de soledad, de añoranza y de silencio. En estos hogares donde falta el padre se siente como un enorme agujero, un cráter en el que se mira intensamente y se busca a alguien cuya ausencia se convierte en presencia permanente, un ser que, por no estar presente, está presente. A menudo, incluso el hijo, que también es padre, no puede remediar tornar hacia sus propios hijos y sentir a regañadientes que, un día, él también se convertirá en una ausencia para ellos.

En cualquier caso, lo curioso es que las diferentes y múltiples imágenes paternas tienen mucho en común. No son únicas porque, en el fondo, todos los padres vistos por sus hijos se parecen. Todos son grandes de tamaño. Todos presumen ante los hijos de alguna virtud masculina. Todos imponen una tradición de conducta, de mandamientos, de ritos y de prioridades. Todos se distinguen por impartir instrucciones; instrucciones a través de órdenes, de lecciones o de anécdotas. Todos se caracterizan por sus conversaciones breves y entrecortadas, diálogos en los que generalmente se dice poco, sobre todo en el caso de los hijos varones, en las charlas «de hombre a hombre». Todos, en fin, son, sin saberlo, el objeto de una obsesión silenciada, conflictiva e irresistible en los hijos que a menudo dura toda la vida. Hasta el padre ya muerto mantiene su poder de influir a través de los recuerdos. Su imagen se conserva como una foto congelada que define al hombre, y, en cierto sentido, a la especie humana, para siempre.

Franz Kafka ofrece una ilustración dramática de la preocupación obsesiva de los hijos con el padre. Desesperado por superar el abismo emocional que siempre le separó de su progenitor, a los treinta y seis años se propuso construir un puente afectivo que le conectara con él, y escribió la *Carta al padre*. En esta apasionante y larga misiva, Kafka confiesa a su progenitor las emociones y pensamientos más íntimos y personales que nunca fue capaz de expresarle cara a cara. Este frenético monólogo evidencia los pormenores de la relación conflictiva y penosa con un padre idealizado, y revela la lucha amarga y la derrota final de este joven atormentado por superar el reto de ser hijo. El mensaje parece un tratado de paz que intenta poner punto final a una larga historia de desconfianzas, acusaciones, disonancias y querellas, y refleja un último empeño por desenterrar el profundo lecho de roca de cariño, al que ni él ni su padre jamás soñaron que se pudiera llegar. Como cabe esperar, la *Carta* nunca fue entregada al destinatario porque Kafka eligió a su madre de mensajera. Ella, preocupada por el impacto que el escrito tendría en su pareja, decidió ahorrarle este sufrimiento devolviéndosela al autor.

Para el niño y la niña resultan vitales las primeras señales de aprobación, de reconocimiento y de afecto que les comunica el padre —unas veces de forma activa y otras meramente con su presencia—, porque constituyen la fuente más importante de seguridad, de autoestima y de identificación sexual. En el caso del hijo, entre estas tempranas escenas idílicas repletas de apego, devoción y orgullo, se entrometen inevitablemente sombras inconscientes e inexplicables, de celos, de competitividad, de resentimiento y de miedo.

La relación entre el padre y el hijo lleva implícita una gran carga de sentimientos opuestos, de cariño y de rivalidad, de confianza y de temor, de intimidad y de recelo, de amor y de odio. Estas emociones contradictorias son la causa del alejamiento, del vacío y de la nostalgia que suele existir entre progenitores y descendientes varones, y en particular del hambre de padre que sufren los hombres de hoy.

La relación del padre con la hija, sin embargo, suele tener menos carga de antagonismo, rivalidad y ambivalencia, por lo que tiende a ser más fácil, cordial y afectuosa. Por lo general, los padres ven a las hijas como más delicadas, sensibles, atractivas y buenas que los hijos. Con todo, la relación es esencial, porque una parte importante del carácter femenino de la niña surge de su atracción por el padre.

Estas emociones *edípicas* entre el padre y el hijo o la hija, descritas meticulosamente por Sigmund Freud, forman uno de los pilares centrales de la teoría psicoanalítica, y han guiado nuestro conocimiento del desarrollo emocional del hombre y la mujer desde principios de siglo.

En general, el padre constituye para la hija el primer hombre de su vida, la fuerza fundamental en la configuración de su identidad femenina. Su presencia, su cariño y su reconocimiento de los encantos y atractivos de la pequeña son decisivos para que la niña desarrolle su confianza en sí misma como mujer. El padre fomenta indirectamente en la hija la feminidad, al tratarla como mujer o animarla a exhibir cualidades consideradas culturalmente femeninas. A su vez, la hija, para complacer a la figura paterna, se apresta a adquirir y perfeccionar esas actitudes y comportamientos que definen socialmente a la mujer.

Un problema central y frecuente de la relación entre la hija y el padre es la discrepancia que a menudo existe entre lo que las hijas requieren emocionalmente y lo que los padres ofrecen. En unos casos, mientras que la hija experimenta una profunda necesidad de conexión afectiva y de intimidad, el padre, por el contrario, valora la independencia y la distancia emocional y física. En otros casos, la situación es exactamente la opuesta, la hija persigue la libertad y la autonomía, mientras que el padre exige la subordinación y la dependencia. Estas actitudes opuestas de hijas y padres pueden conducir a expectativas, aspiraciones y metas diferentes, o incluso conflictivas, y a un estado continuo de incomprensión entre ellos.

El hambre de padre rompe en las hijas el equilibrio entre el *yo* y el *otro*. La obsesión por lograr la presencia y aprobación incondicional del padre, que nunca llegan a alcanzar, las empuja a buscar compensaciones como la perfección física, la necesidad compulsiva de sentirse deseadas por hombres en posición de autoridad, o el desarrollo de actitudes extremas de competitividad y rivalidad con otras mujeres. Aunque la intención de estas jóvenes es conectar con el padre ausente, a veces el resultado es un estado doloroso y conflictivo de alienación de sí mismas y un sentimiento de desconexión e inseguridad frente a la vida.

Al amanecer de la edad adulta, los hijos buscan la *bendición paterna,* un gesto de potestad simbólico que confirme su madurez, que apruebe su independencia y que celebre su investidura de las prerrogativas y derechos que implica la llegada al final del camino tortuoso de la adolescencia. Rito esencial en el crecimiento de los jóvenes, momento dramático en el que, como el eco del grito legendario «¡el rey ha muerto!, ¡viva el rey!», lloran la pérdida del padre idealizado, mientras que a la vez se liberan con fuerza hacia un futuro emocionante, esperanzador y aventurado.

En general, los hijos y las hijas necesitan el modelo paterno para formar su *yo,* para consolidar su identidad sexual, para desarrollar sus ideales y sus aspiraciones y, en el caso del hijo varón, para modular la intensidad de sus instintos y de sus impulsos agresivos. De hecho, muchos de los males psicosociales que en estos tiempos afligen a tantos jóvenes —la desmoralización, la desidia o la desesperanza hacia el futuro—, tienen frecuentemente un denominador común: la escasez de padre.

En definitiva, el hambre de padre es el deseo profundo, persistente e insaciable de conexión emocional con el progenitor que experimentan tantos jóvenes en nuestra cultura. Esta necesidad no satisfecha provoca en hombres y mujeres adultos un sentimiento crónico de vacío y de pérdida, una gran dificultad para adaptarse al medio social y para relacionarse de forma grata con figuras paternales o de autoridad.

Estado que no se disipa y que, a su vez, ellos arrastran en silencio a sus relaciones de pareja o de familia, y transmiten sin saberlo de una a otra generación. El hambre de padre se acepta hoy como un producto natural de la cultura occidental. En cierto sentido, la sociedad se organiza de acuerdo con supuestos y normas sociales que permiten a los menores crecer sin conocer realmente a su padre.

Sin embargo, la cultura de Occidente está vislumbrando el amanecer de una nueva era. Una era mejor en la que la relación entre el padre y los hijos promete ser más estrecha, entrañable, armoniosa y saludable. Por ejemplo, a pesar de que los medios de comunicación siguen resaltando a los padres *yuppies* —jóvenes progenitores de la urbe, despegados emocionalmente, ausentes del hogar, y perseguidores infatigables del éxito en el mundo de los negocios—, la verdad es que para cada vez más hombres la vida de casa es tan importante o incluso más que su trabajo o su carrera.

En cierto sentido, los mitos y las expectativas de nuestra cultura han colocado al padre ante una trampa insalvable: para que el hombre sea considerado «un buen padre» tiene, ante todo, que satisfacer su función de proveedor, lo que le obliga a pasar la mayor parte del tiempo fuera de la casa. Pero, al mismo tiempo, su ausencia del hogar tiende a producir en los niños problemas de carencia afectiva, confusión de identidad e inseguridad. Sin embargo, cada día hay más padres que sinceramente optan por un papel más activo y más tangible en la familia y sienten que, si fueran libres de escoger entre su ocupación profesional o dedicarse al hogar, elegirían lo último. Como ya señalé en el primer capítulo, al describir la ecología psicosocial de nuestros días, en gran parte la razón es que la trama hegemónica masculina se ha visto entretejida por la metamorfosis liberadora de la mujer, que está instigando al varón a cambiar su identidad de hombre y de padre. Y mientras las madres se liberan de las ataduras culturales esclavizantes del pasado, los padres se deshacen poco a poco de una imagen dura, distante y anticuada, y se convierten en seres más hogareños, expresivos, afectuosos, vulnerables y, en definitiva, más humanos.

# 4
# EL PODER DE NUESTROS NIÑOS

> Vuestros hijos no son vuestros hijos, son los hijos y las hijas del anhelo de la vida, ansiosa por perpetuarse. Por medio de vosotros se conciben, mas no de vosotros. Y aunque están a vuestro lado, no os pertenecen. Podéis darles vuestro amor, no vuestros pensamientos. Porque ellos tienen sus propios pensamientos. Podéis albergar sus cuerpos, no sus almas. Porque sus almas habitan en la casa del futuro, cerrada para vosotros, cerrada incluso para vuestros sueños. Podéis esforzaros en ser como ellos, mas no tratéis de hacerlos como vosotros. Porque la vida no retrocede ni se detiene en el ayer.
>
> KHALIL GIBRAN, *El profeta,* 1923.

El papel de la niñez y la actitud de la sociedad hacia ella han variado profundamente con el paso del tiempo, pero tres premisas han permanecido constantes: la falta de capacidad de decisión con que desde siempre se ha caracterizado a los niños, el dominio casi absoluto que se ha otorgado a los padres sobre los hijos y la fuerte influencia que se ha atribuido al entorno social en el comportamiento de los pequeños.

Aunque esta concepción histórica de la infancia subyace todavía en el inconsciente colectivo de nuestra sociedad, hoy la evolución imparable de la humanidad y los frutos de la civilización nos desafían a enfrentarnos con el insólito protagonismo de la infancia y con el extraordinario poder de los niños. Para comprender mejor este proceso de cambio quizá nos ayude repasar brevemente ciertos aspectos del pasado.

Hasta principios del siglo XIX la niñez se consideraba un período breve, gobernado por procesos fundamentalmente biológicos, que a los pocos años desembocaba abruptamente y como por arte de magia en la «mayoría de edad», en el «uso de razón». Se suponía que una vez satisfechos los requerimientos vitales de sustento y protección contra los elementos, los niños que lograban sobrevivir a las epidemias del momento crecerían de forma ordenada y previsible. Si bien se intuía vagamente que la buena crianza precisaba también una cierta dosis de benevolencia por parte de los cuidadores, las necesidades emocionales y los aspectos psicológicos de los pequeños eran prácticamente ignorados.

Cumplir siete años era, en muchas sociedades, sinónimo de responsabilidad moral. Se pensaba que ya a esta temprana edad los pequeños alcanzaban automáticamente la aptitud para discernir entre el bien y el mal o, más importante aún, que podían mentir a conciencia. En familias de la vieja Europa, por ejemplo, se aceptaban como arreglos normales mandar a una hija de diez años a un lugar distante para casarse con un desconocido, o enviar a un niño de ocho años a trabajar para una casa extraña en otra ciudad.

Pese a esa autonomía moral que la mayoría de edad significaba, los niños carecían de derechos, eran esencialmente una propiedad, una de tantas posesiones, objetos de utilidad. Los padres no dudaban en usarlos para la supervivencia de la familia o incluso para su propio beneficio, lo que no resultaba difícil, pues, por un lado, eran poco costosos y, por otro, reforzaban la estabilidad del hogar trabajando desde los siete y los ocho años. Durante siglos, los vestigios de la vieja ley romana *patria potestas* confirieron a los padres una autoridad total e incuestionable sobre su descendencia. Además de ejercer un dominio ilimitado, los progenitores se sentían con derecho a la obediencia incondicional de sus hijos menores, a la lealtad de los jóvenes y al respeto y apoyo de los mayores.

Un reflejo de esta visión utilitaria, materialista y despegada de los niños fue la práctica tan extendida de abandonar a las criaturas indeseadas. Se calcula que en la segunda mitad del siglo XVIII, uno de cada cinco recién nacidos en Europa era abandonado. De hecho, las grandes capitales europeas disponían de una amplia gama de hospicios, inclusas, orfanatos o asilos donde se recogían y criaban los niños aborrecidos, expósitos, pobres o huérfanos. Había padres que desechaban a los hijos por desesperación, ante su incapacidad para mantenerlos por causa de la pobreza o de algún desastre natural; a otros les impulsaban ciertos intereses, como el peligro que para la herencia familiar suponía la llegada de una nueva boca que alimentar; otros padres rechazaban a sus pequeños porque sufrían algún defecto físico o enfermedad, o por ser del sexo incorrecto; a veces era una cuestión de deshonra, como en el caso de los hijos naturales; finalmente, había quienes desahuciaban a las criaturas simplemente por su inoportunidad, porque no sentían en el momento de su nacimiento deseos paternales.

El cristianismo probablemente facilitó la práctica del abandono y repudio de los niños. No solo por insistir más rígidamente que ningún otro sistema moral en la procreación como única meta del acto sexual, sino también por glorificar y fomentar la oblación u ofrenda y sacrificio de los niños a Dios. Precisamente en un momento paradigmático de la cultura judeocristiana Yavé ordena a Abrahán que inmole a su hijo Isaac como prueba de sumisión. Los niños donados o vendidos a las órdenes religiosas a través de las iglesias, los conventos o los monasterios eran habitualmente sujetos a la servidumbre, pero también recibían la manutención diaria y una cierta educación, por lo que este método de abordar el problema de niños sobrantes o indeseados se consideraba más humano y responsable.

La necesidad colectiva de justificar culturalmente el abandono de los hijos se refleja en un mito romántico muy popular que aseguraba que los niños expósitos no solo sobrevivían a la experiencia traumática del desamparo y la orfandad, sino que gracias a la bondad y los cuidados que recibían de extraños, algunos incluso florecían y llegaban a ser reyes, papas, santos o héroes. Al fin y al cabo, figuras legendarias tan poderosas como Júpiter, Poseidón, Cibeles, Rómulo y Remo o Moisés fueron en su infancia abandonados por sus mayores.

La realidad, sin embargo, era bien distinta: el abandono de las criaturas por sus padres estaba rodeado de secreto y de tragedia. Ocultos tras los muros institucionales, estos niños crecían apartados de la sociedad, sin la protección de sus familias, sin raíces de linaje ni de adopción. Entraban en el mundo como extraños y morían entre extraños. Dura suerte, siniestro reflejo de cómo las buenas intenciones de la sociedad degeneraban en fines crueles.

A finales del siglo XIX la percepción de la niñez se humanizó profundamente gracias a la insólita y desbordante explosión del interés por parte de psiquiatras, psicólogos y sociólogos en los procesos misteriosos que rigen el desarrollo del niño y su formación como ser humano. Esta fascinación sin precedentes por la infancia se alimentó al principio del empeño de los investigadores de orientación psicoanalítica en explicar los trastornos emocionales como una consecuencia de los sucesos y vicisitudes de los primeros años de la vida.

Sigmund Freud, el padre del psicoanálisis y del determinismo psíquico, y sus muchos seguidores, argumentaron metódicamente que las vivencias traumáticas de la infancia y, en particular, las experiencias de seducción sexual, reales o imaginarias, eran la causa de los conflictos y comportamientos neuróticos de la edad adulta. Freud consideraba que el bebé nacía rebosante de fuerzas instintivas, unas sexuales o de vida, otras agresivas o de muerte, y dividía la niñez en cuatro fases sucesivas: oral, anal, fálica y genital. Estas etapas identificaban zonas erógenas o áreas sensuales del cuerpo y evidenciaban la evolución progresiva de los lazos sexualizados entre el pequeño y los padres.

Nuestro reciente conocimiento del niño se ha guiado especialmente por la noción del *complejo de Edipo*. Esta teoría, construida por Sigmund Freud a principios del siglo XX, está cimentada casi exclusivamente en el impacto que los padres ejercen sobre los hijos y particularmente en la relación triangular de amor intenso, atracción sexual, rivalidad, celos y hostilidad que supuestamente se establece en la infancia entre el hijo o la hija y el padre y la madre. Relación irremediablemente intensa y profunda que desemboca en la identificación del niño con el padre y la niña con la madre. Según esta teoría, la superación saludable de las fuerzas edípicas representa el clímax del desarrollo emocional del niño, la piedra angular en la configuración de la identidad sexual, así como en la formación de los sentimientos de confianza, autonomía, iniciativa y de la capacidad para discernir el bien del mal. El buen desenlace de este drama depende en gran medida de que exista una relación personal armoniosa entre el padre y la madre, y de la favorable disposición de estos hacia los hijos.

Los nuevos modelos de familia, desde los hogares compuestos por divorciados a los encabezados por una madre sola, desafían, sin embargo, la validez de estos principios psicodinámicos fundamentados en la familia biológica intacta, compuesta de padre, madre e hijos. En este sentido, estudios recientes demuestran que la relación diádica o linear entre el niño y la madre o el padre, u otras personas importantes en su vida, es mucho más relevante y significativa que la relación edípica triangular.

Por su parte, el psicólogo Erik H. Erikson describió el ciclo de la vida en fases consecutivas, durante las cuales el niño adquiere cualidades humanas fundamentales: confianza, autonomía, iniciativa, productividad e identidad. Según Erikson, ciertas actitudes y comportamientos contraproducentes de los padres o experiencias dañinas de la crianza interfieren en la evolución normal del niño y son la causa de que este desarrolle las facetas negativas opuestas: desconfianza, duda, culpabilidad, sentimiento de inferioridad y confusión de la identidad. Otros autores, como Erich Fromm o Karen Horney, resaltaron además en sus teorías la importancia del impacto del entorno social y de la cultura sobre la configuración de la personalidad del pequeño.

Estas diversas teorías, hoy profundamente arraigadas en el mundo occidental, suponen un avance extraordinario en nuestro entendimiento de la infancia y ofrecen una dimensión más humana del niño. Lo definen como un ser en proceso de desarrollo, rebosante de vitalidad, que posee un gran potencial, pero psicológicamente frágil, influenciable, moldeable y colmado de necesidades emocionales. Aunque estas tesis asumen la existencia de ciertas fuerzas innatas o genéticas que impulsan la maduración de la criatura, todas comparten una misma suposición: el desarrollo de los niños está modelado por los sentimientos y conductas de los padres hacia ellos, y por el impacto de los factores culturales o la ecología psicoso-cial. Como consecuencia, estas doctrinas evaden o ignoran la reciprocidad de la relación entre el niño y los padres o el me-dio social en el que vive.

Esta propensión de los expertos a utilizar un modelo causa-efecto unidireccional ha empujado a generaciones de especialistas a creer injustamente que los padres son la única fuente de influencia significativa sobre los niños, controlan su desarrollo, configuran su futuro y son los responsables de sus virtudes, de sus defectos e incluso de sus trastornos o enfermedades mentales. Perspectiva ingenua y desequilibra-da, pero atractiva. Después de todo, los progenitores consti-tuyen blancos obvios, fáciles de alcanzar y de culpar. Para los padres de hijos saludables, esta conjetura, aunque iluso-ria, es motivo de orgullo —raro es el padre o la madre que no se siente partícipe del buen desarrollo físico o intelectual de su descendencia—. Pero para aquellos con hijos proble-máticos es causa inexorable de profundos sentimientos de angustia y culpabilidad. Estos padres infelices, abrumados por la convicción de que tan solo ellos son el origen de la desgracia filial, llegan hasta a poner en tela de juicio su pro-pia naturaleza.

Aunque no se puede negar la dosis de responsabilidad que sobre los comportamientos buenos y malos de los peque-ños tienen sus progenitores, hoy sabemos que el dominio de los padres sobre los hijos no es definitivo ni universal. Un niño no es una «tabla rasa» sobre la que se marcan los deseos y expectativas de sus progenitores, ni un ente pasivo moldea-ble al gusto de estos. Aparte de las fuerzas constitucionales y genéticas que ayudan a configurar el temperamento y la per-sonalidad del menor, el medio fuera del hogar, comenzando por las guarderías o el sistema escolar y la subcultura de la ni-ñez, ejercen una gran influencia en su desarrollo.

En cierto sentido, la perspectiva que niega o elude los efectos de los hijos sobre sus progenitores se apoya en una serie de principios que ignoran el papel de los niños como actores sociales por derecho propio, que consideran que los pequeños son simples *recipientes,* productos futuros, entes en potencia sin capacidad para relacionarse.

La realidad es que hoy los menores ejercen enormes efectos sobre los adultos y sobre la ecología psicosocial que les rodea. Los niños condicionan significativamente a los padres y su estilo de vida. Son con frecuencia una fuente inmensa de gratificación y de incentivo de vida para sus progenitores, ensalzan su identidad, contribuyen a expandir su repertorio emocional y sirven de cemento que une o solidifica su unión. Pero, al mismo tiempo, cambian por completo la dinámica de la pareja, empezando por el tiempo que restan a su intimidad o a la dedicación exclusiva del uno al otro. El matrimonio con hijos, tarde o temprano, se vuelve más una relación entre padre y madre que entre hombre y mujer. Hay que tener presente que en nuestros tiempos la niñez es duradera y la situación económica y social del momento empuja a los hijos a una cada vez más larga convivencia con los padres, a menudo onerosa, incluso después de haber superado con mucho la adolescencia. Esto no es óbice para que bastantes padres reconozcan abiertamente que la realización de sus hijos es más importante que la de ellos mismos.

Por lo general, cuanto más se desvía un niño de la norma o de las expectativas socialmente aceptadas —como en el caso de sufrir una enfermedad mental crónica o de exhibir conductas antisociales o delincuentes—, mayor es el reto que plantea al equilibrio hogareño. En casos extremos, estos pequeños con dolencias o problemas se convierten, sin querer, en motivo de amargos conflictos y tensiones en el hogar o incluso en el factor principal de la ruptura de la pareja, que se ve desbordada por sentimientos de fracaso, angustia, culpa, resentimiento y hasta la mutua recriminación. Según estudios recientes en Estados Unidos, estas situaciones son, en parte, la razón de que estadísticamente las parejas sin niños se sientan más felices en su relación que las que tienen varios hijos.

Más allá del ámbito del hogar, los niños forman su grupo social, su propia cultura. Un mundo dinámico, vitalista, rebosante de curiosidad y de impacto sobre su entorno, que, para bien o para mal, no incluye a los padres, es independiente del medio familiar, y se caracteriza, sobre todo, por el consumismo. El mercado de los niños supone actualmente un imperio comercial deslumbrante. En ningún otro momento de la Historia han tenido los menores tan fácil acceso a tan vastos recursos económicos, tanto poder adquisitivo —aunque se nutra del bolsillo ajeno— y tanta influencia en los hábitos de compra de los adultos. Sin duda, los padres gastan hoy más dinero en sus hijos que en sí mismos. Como consumidores y notables usuarios de los medios de comunicación, especialmente de la televisión, los pequeños eligen el producto que les interesa, muchas veces en contra de los deseos de sus mayores.

De hecho, a pesar de la grave recesión y de los grandes problemas económicos que en la actualidad aquejan a los países de Occidente, el mercado infantil sigue floreciendo. En Norteamérica no hay duda de que las multinacionales de juegos y películas de vídeo, de cereales azucarados, de «comida basura», de ropa vaquera o de calzado deportivo venden directamente a los niños con más pujanza y empeño que nunca a través de publicidad comercial en los programas infantiles de dibujos animados. Algo parecido sucede en Europa, donde las asociaciones de consumidores estudian medidas de protección contra la influencia de la publicidad en los pequeños.

En el último siglo la existencia de los niños ha mejorado profundamente, tanto que para quienes hoy gozamos de circunstancias incomparablemente más afortunadas, las historias siniestras de las criaturas de antaño parecen increíbles, pura ficción. Los niños han dejado de ser *útiles* y se han convertido en los seres más *sagrados* y de mayor valor sentimental para los progenitores, un verdadero lujo. Nunca han crecido tan seguros y saludables como ahora. En ningún otro momento han sido atendidos, respetados, protegidos y satisfechos tan rigurosamente en sus necesidades, exigencias y derechos. Sin embargo, al mismo tiempo, algunos de los conflictos que afligen a los niños de hoy brotan de los avances de la civilización. Es cierto que el tumulto o la confusión de la adolescencia no existía cuando el trabajo era obligatorio desde la infancia, ni las tensiones entre padres e hijos planteaban un reto cuando los niños eran esencialmente un patrimonio, carecían de derechos y su educación era un privilegio.

Hoy nos enfrentamos con los desafíos que nos plantea una niñez más compleja e influyente, pero, a su vez, más humana, dinámica y saludable. Se trata de un cambio que auspicia un mejor futuro para todos porque permite a los niños, junto con sus mayores, ocupar un lugar preferente en la vanguardia del progreso y de la evolución de la humanidad.

# 5
## INGREDIENTES DEL AMOR EN LA PAREJA

> El encuentro de dos personas es como el con-
> tacto entre dos sustancias químicas: si se produce
> una reacción, las dos se transforman.
>
> CARL JUNG, *Psicología del inconsciente,* 1916.

El amor de pareja es un estado de ánimo fundamental para la existencia humana. Según Sigmund Freud, una condición necesaria para la salud mental. Lo necesitamos para sobrevivir, lo perseguimos por placer, lo buscamos para darle significado, propósito, finalidad o razón de ser a nuestra vida diaria. Resulta casi imposible imaginar la humanidad sin unión entre hombres y mujeres, sin amor.

La atracción romántica es una gran obsesión, una fijación que a menudo absorbe y consume toda la atención y energía psíquica de la persona. El amor implica, entre otras cosas, imaginación e idealización. De hecho, es casi imposible transmitir lo que es amar a una persona que no cree en el amor, algo así como describir el color verde a un daltónico. No obstante, casi todos sabemos lo que es enamorarse. Cuando nos

enamoramos nos encontramos como en otro mundo, abstraí-
dos, absortos por la fiebre de la pasión, sin aliento, inconscientes de nuestro entorno, anestesiados por la dicha tan intensa. Los enamorados se sienten abrumados por esa cascada
incontrolable de emociones paroxísmicas y sentimientos arro-
lladores de euforia, expansividad, excitación y embelesamiento.
Viven ese estado sublime de éxtasis, encantamiento, ensueño
y anhelo por la persona amada; pero también experimentan
ansiedad, miedo de no ser correspondidos, aprensión y hasta
tormento. Porque como tantos han dicho, en ningún otro momento nos encontramos tan vulnerables e indefensos como
cuando estamos enamorados.

A pesar de los miles de poemas, canciones, dramas, mitos y
leyendas que han representado el amor desde principios de la
civilización, a pesar de las veces incontables que los hombres y
mujeres han desertado de la familia, de los amigos, han busca-
do el suicidio, han matado, o han desfallecido de amor, la ciencia ha prestado muy poco interés a esta pasión, a esta atracción
tan incontrolable como sublime de un ser humano por otro.
En efecto, hasta hace muy poco ni los biólogos ni los psicólogos estaban interesados en investigar la esencia del amor o del
enamoramiento. A diferencia de otros estados de ánimo como
la ansiedad, el miedo o la ira, la emoción del amor es difícil de
identificar o de medir en el laboratorio. Además, durante décadas se consideró una tarea frívola estudiar el origen o la naturaleza del amor, su programación en los genes o su fisiología ce-
rebral. La exploración del amor se limitó al ámbito de la
literatura, la filosofía o las bellas artes.

En los últimos diez años, sin embargo, se ha despertado
un extraordinario interés académico en el amor. En parte, la
razón ha sido la epidemia del sida y la importancia de entender mejor los estados de ánimo que impulsan a hombres y
mujeres a exhibir comportamientos de riesgo como tener rela-

ciones sexuales furtivas, o, por el contrario, a mantenerse fieles a su pareja. Hoy la neurociencia considera las emociones que forman en el ser humano la pasión romántica algo real, tangible y digno de estudio. Investigaciones recientes incluso han identificado sustancias específicas, como la feniletilamina y la dopamina, que juegan un papel importante en los estados pasionales del enamoramiento. Se trata de compuestos que estimulan ciertos neurotransmisores cerebrales, y otras sustancias como las endorfinas, que parecen inducir otras emociones más estables características de los estadios posteriores de la relación, como los sentimientos de seguridad, paz y bienestar. Cada día más expertos están convencidos de que el amor es un sentimiento primitivo plasmado en los genes humanos, un carácter básico y esencial de la humanidad que se manifiesta de las formas más complejas y elevadas, pero que posee un sustrato esencialmente bioquímico que se activa en el cerebro.

Helen Fisher y otros antropólogos norteamericanos argumentan que el amor pasional, romántico, «caer en el amor» es una emoción de raíces primitivas. El mecanismo más importante a través del cual los seres humanos se enamoran de una persona determinada y no de otra es lo que se ha llamado «el mapa del amor». Una especie de patrón o modelo mental estrictamente individual y único que determina las características del ser que nos va a atraer, a excitar sexualmente, a enamorar. Estos «mapas» o guías inconscientes, subliminales o representaciones mentales de nuestro objeto de amor particular se forman durante la niñez e incluyen aspectos físicos y temperamentales de figuras importantes de nuestro entorno, de personas que ejercieron un vivo impacto sobre nosotros durante la infancia.

Independientemente de su origen o de su esencia, la unión con otra persona es la necesidad más profunda, la pasión más hirviente, el deseo más poderoso que abrigan los seres humanos. Como ha señalado Erich Fromm, la búsqueda de una relación amorosa es un delirio universal y, a su vez, la fuerza que une a la especie humana. Por el contrario, la experiencia de estar aislados o separados de los demás es la fuente principal de sentimientos de angustia, miedo y desamparo. A lo largo de la Historia y en todas las culturas, los hombres y las mujeres han luchado sin cesar por amar y ser amados.

Es evidente que en las sociedades de Occidente existe el culto al amor. El amor se glorifica, se idealiza, se venera y se simboliza de múltiples formas. El amor también se teme y se envidia. Se vive por amor y se destruye por amor. Hoy se ama y se hace el amor más que nunca, entre otras razones porque hay más tiempo para ello. Pero además porque la sexualidad se ha liberalizado, y gracias a los avances en el control de la fecundidad en la mujer, en cierto sentido también se ha humanizado, al desvincularse de la enorme responsabilidad de la procreación. Por otra parte, la calidad de vida ha mejorado espectacularmente y el progreso de la medicina preventiva, de la nutrición y de la industria del entretenimiento y el bienestar han beneficiado las condiciones físicas y mentales del ser humano, e intensificado su capacidad para apreciar más intensamente los estímulos sensoriales.

El enamoramiento va acompañado de fuertes sensaciones físicas. Entre ellas son frecuentes la pérdida del apetito, la dificultad para respirar, la tensión nerviosa y el insomnio. Los enamorados sienten bullir la pasión en su corazón palpitante y en otras partes del cuerpo menos poéticas como el estómago, los brazos o las piernas. El amor es como un delirio, una fiebre. Muchas de las reacciones físicas que acompañan al flechazo también se producen en situaciones agudas de excitación y de miedo. Y es que el enamoramiento desencadena, además, un estado de aprensión y de temor. Después de todo, enamorarse implica exponerse, abrirse, mostrarse a uno mismo como realmente es, y arriesgarse a ser seguidamente rechazado o humillado.

El amor es un instinto, una pasión, pero también un arte que requiere conocimiento y esfuerzo. Aunque se nace con la capacidad de amar, la disposición hacia el amor se adquiere, se aprende y se desarrolla con la práctica y con el tiempo. El amor es selectivo y requiere que entendamos, conozcamos y nos interesemos de verdad por el ser amado y por su mundo. Porque solo cuando aceptamos que nuestra pareja es única, diferente e individual, que está ahí, fuera de nosotros, y la conocemos y comprendemos, podemos ubicarnos genuinamente con amor y comprensión en su lugar. Como señaló Paracelso, el médico suizo del siglo XV, «el que no conoce nada, no ama nada; el que no entiende nada, no ve nada; pero el que conoce y entiende, también ama, ve. Cuanto más se comprende algo, más se puede amar. Quienes se imaginan que todos los frutos maduran al mismo tiempo que las fresas, no saben nada de las uvas».

Algunas parejas todavía usan los elementos tradicionales del mito de amor romántico perfecto e inagotable para describir sus relaciones, pero cada vez más estos conceptos están siendo reemplazados por los cotidianos esfuerzos que se consideran necesarios para mantener una buena unión. La pareja feliz de nuestro tiempo se considera no solo compañeros, sino además íntimos amigos y excelentes cónyuges sexuales. Aspira a una relación imbuida de un cierto feminismo y de otras cualidades saludables y sensitivas que incluyen la participación de la mujer en el mundo laboral, un menor número de hijos, y la colaboración activa del hombre con afectividad y cariño en el cuidado y educación de los niños. Hoy, las parejas insisten en que cada día hay que «trabajar» en la relación. Pero, más importante aún, sostienen que un amplio abanico de virtudes —honestidad, generosidad, deseo de mejorar, energía, entusiasmo y fuerza de voluntad para mantener el compromiso— son necesarias para preservar un emparejamiento feliz.

La unión de amor entre dos personas está siempre en proceso dinámico de cambio y a través del tiempo adopta formas diferentes, dependiendo de los motivos que les haya llevado a unirse, la personalidad de cada uno, las circunstancias del momento y la evolución de la relación. En las primeras etapas, casi todas las parejas viven intensamente el amor romántico, la forma más turbulenta de la unión pasional. Con el paso del tiempo suele predominar el cariño, el afecto, la dependencia mutua y la amistad, a medida que las emociones intensas que acompañan al enamoramiento se van apagando y la pareja desarrolla y refuerza los lazos de ternura, el apego, la confianza, la seguridad, los intereses mutuos y la lealtad. No obstante, en otras relaciones el énfasis es la intensidad sexual basada en la atracción física, o ciertos atributos o conveniencias, como el poder económico o el *status* social, que sirven para ensalzar la autoestima de las personas. Tampoco hay que olvidar que también se encuentran relaciones basadas en la satisfacción neurótica o compulsiva de la necesidad de dependencia, en el ansia de dominio sobre la pareja, o en el miedo a la soledad.

Inicialmente la pasión se impregna de la ansiedad que genera la incertidumbre de la persecución amorosa. Para muchos enamorados, sin embargo, la satisfacción de la conquista final no es tan emocionante ni se puede comparar con la profunda exaltación y el frenesí que acompañaron a la persecución de la persona deseada. Es muy humano aspirar a ambas cosas. Los que buscan el amor, a menudo suspiran por la seguridad, la calma y la paz de la reciprocidad, la intimidad y el compromiso, pero, al mismo tiempo, también ansían los peligros, la aventura y la excitación de la conquista. Con todo, el logro final del objeto amado, casi por necesidad, parece en gran medida incompatible con la intensidad y el paroxismo de su persecución. Estas necesidades y aspiraciones, contradictorias e irreconciliables, configuran el matiz complejo e inquietante del amor de pareja.

En su intento por resolver esta contradicción, algunos hombres y mujeres son capaces de encontrar otras fuentes de emociones excitantes en su vida interior o en ciertas experiencias creativas personales. Para la mayoría, sin embargo, la gratificación incomparable del enamoramiento parece estar necesariamente unida a los riesgos de las aventuras de la conquista del ser amado, al paroxismo pasional que implica hacer la corte, a los aspectos misteriosos de la persona deseada, o a la sorprendente intensidad de la atracción sexual, aunque todas estas fuentes de placer y de emociones sean inciertas e inestables. Porque la intensidad de la pasión romántica es, por definición, efímera, la intimidad termina por entrometerse y eliminar el misterio en la pareja. En definitiva, la pasión sexual es uno de los ingredientes más frágiles y pasajeros del amor.

Al principio casi todos los enamorados crean una ilusión de armonía y reciprocidad perfectas. Parte de lo que se dan el uno al otro es un empacho de ternura, admiración, comprensión, apoyo y aceptación mutua incondicional. Valoran sin cuestionar las necesidades, los sentimientos y deseos del otro, considerándolos esenciales para el mundo que comparten, y en ningún momento inconvenientes, irrelevantes o irritantes. En estas uniones románticas los enamorados sienten que han trascendido cualquier deseo unilateral de gratificación, que ambos están perfectamente compenetrados, que lo único que necesitan es simplemente ser espontáneos el uno con el otro.

La psicoanalista neoyorquina Ethel S. Person, en un estudio reciente sobre las relaciones amorosas, explica que un ingrediente indispensable del amor de pareja es el sentimiento de ser los primeros para otra persona. La verdad es que, con excepción de algunos breves momentos durante la infancia, raramente somos los primeros para nadie. A menudo nos damos cuenta de que las amistades, sean lo sinceras y profundas que sean, no llegan a ofrecernos el lugar exclusivo y prioritario que anhelamos. Sin embargo, el amor romántico restaura en nosotros este estado preferencial inigualable de exclusividad, de prioridad, de dicha intensa. Sentirnos la persona más importante en la vida de otro ser es uno de los factores esenciales que integran la unión de pareja, una de las premisas fundamentales que define el amor pasional.

La mutualidad o reciprocidad en la relación de pareja es otro ingrediente necesario del amor. En nuestro fuero interno ansiamos las dos cosas: amar y ser amados, y perseguimos la intimidad más estrecha, la pasión más romántica, la aceptación, el cariño y el apoyo mutuo, continuo e incondicional. Con todo, no podemos enamorarnos cuando queremos o a nuestro gusto.

Como Erich Fromm apuntó, más allá de la pasión, de la reciprocidad y del intercambio afectivo, el amor es una actividad interna que implica la preocupación viva y el continuo cuidado por la vida y el bienestar de la persona amada, el sentimiento de responsabilidad genuina por sus necesidades y el respeto a su individualidad. El amor está reñido con la pereza y la apatía, y no somos capaces de amar a no ser que estemos activos, conscientes de nosotros mismos y en estado de alerta. Todos estos ingredientes del amor requieren el conocimiento profundo de la pareja. Porque sin conocimiento, tanto el interés como la preocupación y el respeto por otra persona, son ciegos.

Por lo general se asume que la pasión sexual es característica de las primeras etapas de la relación y gradualmente desaparece. Sin embargo, cada día existe más evidencia de que una buena dosis de atracción sexual es un ingrediente fundamental, uno de los factores que hacen que las parejas se mantengan juntas, una expresión del amor, una condición necesaria para la estabilidad y continuidad de la pareja.

Los sentimientos de posesión en los enamorados parecen tener raíces genéticas. Los antropólogos señalan que existen conductas posesivas que reflejan actitudes de propiedad exclusiva de la pareja en animales, desde monos a pájaros. Sin embargo, el amor y el dominio absoluto de la persona amada suelen ser conceptos incompatibles. Una relación de amor solo puede conseguirse si hay elección libre por parte de los dos. Esto no quita que en las relaciones amorosas de pareja se establezca con frecuencia un balance de poder. De la misma forma que el amor produce en nosotros un fuerte impulso a entregarnos —¡soy todo tuyo!—, también sentimos ansia de posesión —¡me perteneces!—. Dentro de esta relación amor-posesión, el amor nunca está completamente libre de la influencia del poder. De hecho, muchas parejas se corrompen por él. Porque el dominio persistente de una persona sobre otra siempre crea sentimientos conflictivos y conduce al desamor.

Cuando existe una cuestión de prioridades —y en todas las relaciones la hay— se establece un equilibrio de poder o se produce una lucha de poder. Los enamorados casi nunca hablan o incluso piensan en su equilibrio de poder; no obstante, el balance o desbalance de poder es un hecho en el amor. Las parejas felices siempre logran un equilibrio de poder entre ellas, aunque este sea a menudo tan sutil, impalpable y automático que ni ellos mismos ni los demás son conscientes.

La fidelidad se considera universalmente un ingrediente básico en la relación de pareja. Ciertos antropólogos argumentan que en la infidelidad también existe un componente biológico. Estudios recientes demuestran que los seres humanos responden de formas diferentes ante la novedad. Muchos la eluden, pero otros instintivamente la buscan, lo que se refleja en su estilo de vida, bien a través de actividades externas cargadas de emoción, o incluso peligrosas, bien mediante experiencias internas, espirituales, a través de sublimaciones o del arte. De hecho, hay personas que no pueden tolerar tareas rutinarias o predecibles del tipo que sean. Esta característica explicaría, en parte, la necesidad de algunos hombres y mujeres de alternar las relaciones con otras personas y las relaciones de su pareja estable.

Sin duda, muchos enamorados anhelan la perpetuidad de la pasión que caracteriza la primera fase del amor. Sin embargo, este deseo no hace que la realidad sea así. Es evidente que la fase pasional del amor es inevitablemente pasajera. La emoción intensa del enamoramiento da paso, en el mejor de los casos, a la serenidad del compromiso mutuo, a la seguridad del pacto, y muchas veces a la responsabilidad de la continuidad de la especie. Después de todo, el amor pasional es casi siempre la introducción de la relación de pareja, un mero preludio de una unión más afectuosa, más amistosa, más tranquila, más callada y más segura. Como Margaret Mead dijo en una ocasión: «La primera relación busca el sexo; la segunda, los hijos, y la tercera, la compañía».

El ser humano, a través del proceso evolutivo, ha desarrollado unas capacidades más que otras, pero la búsqueda de la unión de pareja se ha mantenido como una de sus necesidades más estables y profundas. Conociendo lo que conocemos sobre la naturaleza humana y la fuerte influencia que ejerce sobre nosotros el medio social y cultural con el que nos relacionamos, los hombres y las mujeres continuaremos obsesionados por amar y ser amados. Unos formarán uniones permanentes, otros se dejarán los unos a los otros para encontrar seguidamente nuevos compañeros. En definitiva, predecir el futuro de una relación de pareja es siempre arriesgado, si no imposible. Como escribió William Shakespeare: «Cuando puedas mirar las semillas del tiempo y decir qué grano va a crecer y qué grano no, entonces me hablas».

# 6
# LA EROSIÓN DEL AMOR

La esencia evolutiva del amor humano, responsable de la gran variedad de nuestra especie, nos plantea un increíble reto, un interminable argumento: comenzamos por el éxtasis sublime del enamoramiento; luego llega la intimidad profunda de la unión; con el tiempo, volvemos a experimentar el ansia seductora de la novedad y del romance; más tarde nos enfrentamos con el tormento del abandono, para concluir con la necesidad vital de emparejarnos de nuevo... La pasión romántica es poderosa, pero fugaz. No es de extrañar que a tantos hombres y mujeres a lo largo de la vida se les haya partido el corazón.

HELEN E. FISHER, *La anatomía del amor,* 1990.

Cada historia de amor es diferente. El comienzo es único, el argumento original y el final imprevisible. En algunos casos el romance es duradero y próspero; en la mayoría, la pasión del enamoramiento se transforma en lazos más estables de afecto y amistad. A menudo, sin embargo, la unión de la pareja se debilita con el paso del tiempo, se vuelve tediosa, se embota, su intensidad se apaga o es sustituida por la indiferencia, la inquietud o el desasosiego. Sentimientos que poco a poco se comen el amor y conducen al resentimiento, a la infidelidad o incluso a la ruptura.

Muchos amores se desvanecen inevitablemente, se convierten en pura desdicha. Terminan en dolor para el rechazado y sentimiento de culpa para el que rechaza. En ocasiones el resultado es más penoso, porque el ansia de unión puede transformarse en obsesión por mantener un amor no correspondido, aunque la relación sea atormentante y mutuamente destructiva.

Cuando el amor fracasa sin remedio, se desfigura y se convierte en la imagen inversa del enamoramiento. Es realmente sorprendente la intensa aversión o el asco que muchas parejas rotas sienten el uno por el otro. Quizá el destino más lamentable de una pareja ocurre cuando los sentimientos amorosos desaparecen, pero los ayer enamorados permanecen juntos, y sufren día tras día en silencio, atrapados, prisioneros de una relación vacía o fingida para salvar las apariencias.

¿Pero cómo se explica ese salto, esa transición de la pasión, la exuberancia, la reciprocidad, la idealización y la esperanza que experimentan los nuevos enamorados, a la resignación, el vacío, el aburrimiento, la enemistad, la desesperación o al tormento que abruman a las parejas desencantadas? El amor se destruye por diversas circunstancias. Por ejemplo, por un cambio en el equilibrio de poder en la pareja —con frecuencia más tenue de lo que cualquiera de los dos imagina—. También por continuas decepciones que dan lugar al desencanto y la frustración; por la pérdida de la armonía o el desgaste de la atracción mutua, o bien porque uno o ambos se sienten constantemente criticados, denigrados o heridos por el resentimiento recíproco, la envidia o los celos. A veces parece que la pareja ha agotado su capital emocional al no haberlo recargado con la energía de una vida sexual estimulante, con la fuerza de la confianza o con la intimidad placentera.

Entre las historias de amor más desafortunadas se encuentran las de aquellas parejas que se rompen, más que por causas o circunstancias externas, por la configuración de su personalidad. Es verdad que, a menudo, ciertos rasgos neuróticos o conflictivos del carácter de las personas solo se hacen evidentes después de un largo tiempo, en medio de una fuerte pelea de la pareja o bajo ciertas condiciones estresantes que les llevan a situaciones límite.

Todas las relaciones de amor, incluso las que rebosan de felicidad, mantienen un delicado equilibrio que exige un continuo afinamiento para remontar las múltiples presiones, los conflictos, cambios y ansiedades existenciales que emergen inevitablemente a través del tiempo. Estos ajustes no solo son necesarios por el transcurso de los años o por las vicisitudes del envejecimiento de la pareja, sino por los acontecimientos significativos o crisis inesperadas que se producen en la vida de los enamorados: el nacimiento de un hijo, la pérdida del trabajo, el cambio de situación económica, las enfermedades y los problemas o exigencias de padres ancianos.

Por otra parte, existen procesos psicológicos más o menos patológicos que interfieren con la capacidad de amar y de convivir, como el narcisismo, la depresión o la paranoia. En general, estas condiciones inhabilitan al individuo para percibir a la pareja como un ser aparte, para sentir empatía o ponerse genuinamente en el lugar de la otra persona, para confiar, para aceptar la intimidad, para entregarse o incluso para sentir placer. También existen trastornos físicos que inhiben los sentimientos amorosos, por ejemplo el dolor crónico, las enfermedades graves, o ciertas dolencias que alteran las funciones cerebrales.

Otra condición que erosiona el amor de la pareja son los celos, «ese monstruo de ojos verdes que desdeña la carne de la que se alimenta», como dijo William Shakespeare. Grave y dolorosa enfermedad humana que afecta tanto a quienes la sufren como a sus blancos, receptores o víctimas, y que combina amargamente los sentimientos de posesión y desconfianza. El veneno de los celos puede surgir en cualquier momento de la relación: durante la fase pasional del enamoramiento, en etapas posteriores de unión y amistad, durante períodos de flirteo o infidelidad, o incluso durante la ruptura final.

Aunque hombres y mujeres son igualmente celosos, los ataques de celos patológicos en el varón suelen ser más destructivos y llevar con más frecuencia a actos impulsivos de violencia física contra la pareja. En cierto modo, el hombre es más receloso y suspicaz de la infidelidad sexual, mientras que la mujer con frecuencia tiende a adoptar una actitud comprensiva o, quizá, indiferente hacia la infidelidad del compañero. Las mujeres, con el fin de mantener la relación, a menudo son capaces de separar el significado de un pasajero desliz sexual y el más trascendente involucramiento afectivo del compañero con otra fémina. De todas formas, incluso en las culturas donde se tolera el adulterio, los celos son una causa frecuente de conflicto en las parejas.

Las relaciones sexuales constituyen un ingrediente importante del amor. La merma de la intensidad de la atracción física es uno de los mayores obstáculos para la continuidad del amor pasional. Aunque somos conscientes de que es extremadamente difícil mantener con el tiempo la intensidad sexual original, la pérdida o incluso la disminución de la pasión puede ser devastadora para la supervivencia de bastantes parejas. De hecho, a muchos cónyuges les resulta tan difícil enfrentarse con este problema, que a menudo lo ignoran por completo hasta que la dolencia no tiene remedio. Pocas parejas rotas olvidan las noches en las que yacían separados en la cama matrimonial, lejos el uno del otro, sus cuerpos curvados, como dos lunas crecientes en diferentes universos, sin moverse, aparentando estar dormidos, preguntándose extrañados y en silencio qué les había sucedido, cómo habían llegado a tal estado de frialdad y alejamiento.

La infidelidad en la pareja casi siempre erosiona la calidad de la relación. De hecho, la infidelidad flagrante, sobre todo por parte de la mujer, es el elemento más definitivo y frecuente de la ruptura del matrimonio, según demostró recientemente la antropóloga Laura Betzigen en un estudio de 160 sociedades. Aunque en las culturas occidentales se desaprueba la infidelidad, una considerable proporción de parejas practica a escondidas las relaciones extramaritales con asiduidad. Numerosos estudios etnográficos y sociológicos evidencian la alta prevalencia de las actividades sexuales extramaritales y las relaciones clandestinas entre hombres y mujeres.

Se calcula que en el 72 por 100 de las sociedades más pobladas del momento, el adulterio es frecuente. En Estados Unidos, donde la bigamia es ilegal y, por consiguiente, todos los hombres y mujeres que se casan son teóricamente monógamos, un informe del Instituto Kinsey sobre el sexo calcula que el 37 por 100 de los hombres casados y el 29 por 100 de las mujeres casadas han tenido relaciones sexuales extramaritales en algún momento de su vida matrimonial. Las aventuras amorosas se dan incluso entre parejas que disfrutan de una relación relativamente estable y feliz, a pesar de que suponen un grave riesgo para la estabilidad de la familia, las relaciones con los amigos, la carrera, la salud y, en definitiva, la tan deseada paz de espíritu.

Las explicaciones psicológicas de la infidelidad son múltiples. No pocos aceptan las aventuras románticas extramaritales como «algo inevitable», como un elemento intrínseco de las relaciones humanas. Así, por ejemplo, se invoca popular-mente la excusa de las intensas obligaciones que implican ciertas uniones («las cadenas del matrimonio son pesadas, re-quieren dos personas para cargarlas y, a veces, tres»). Otras veces se busca una justificación en la desaparición del roman-ce que acompaña a los primeros momentos del enamoramien-to. Como decía Oscar Wilde: «Hay dos grandes tragedias en la vida: la pérdida de la persona amada y la conquista de la persona amada». Algunos antropólogos opinan que la necesi-dad periódica del hombre y la mujer de buscar la novedad y la variedad en las relaciones de pareja tiene propiedades gené-ticas y raíces evolutivas.

De todas formas, dados el tabú y el código moral existen-tes contra el adulterio, nunca sabremos la prevalencia real de la infidelidad entre parejas, ni averiguaremos tampoco quién es más infiel, el hombre o la mujer. Sí tenemos, en cambio, cierta idea de las razones por las que se justifica la infidelidad al compañero. Unos dicen «por amor», otros «por placer», pero los más no saben por qué. Hay personas que buscan re-laciones sexuales fuera de la pareja porque intuyen que puede ser una forma indirecta de mejorar la relación, al compensar algunas de sus limitaciones o satisfacer ciertas necesidades que no pueden gratificar en el hogar. Otros usan sus escapa-das como una excusa, más o menos consciente, para romper con la pareja, para experimentar mayor autonomía o para lla-mar la atención y forzar el planteamiento de una situación conflictiva. Los hay que persiguen «el amor perfecto», o el sentimiento de ser especial para otra persona, de ser deseado, de sentirse más atractivo, más masculino o más femenina, o más comprendido. Buscan mejor comunicación, más intimi-dad, o simplemente más placer sexual. No hay que descartar a quienes, casi por naturaleza, constantemente anhelan la aven-tura, el drama, el peligro, las emociones intensas o el suspense. Unos pocos persiguen la revancha, otros buscan la resolución de un problema sexual, mientras que otros, angustiados por su natural envejecimiento, ansían «la última oportunidad», quieren probarse a sí mismos, demostrarse que todavía son jóvenes.

Existen ciertas fuerzas psicológicas, sociológicas y demográficas que se relacionan con la crisis de la pareja. Como ha señalado Helen Fisher, el «nomadismo» de hoy y la vida autónoma sin una red social de apoyo, tan necesaria en tiempos difíciles, parecen aumentar la probabilidad de ruptura. El entorno psicosocial de las grandes ciudades, con su diversidad, su multiplicidad de opciones, su pragmatismo, su alta tolerancia hacia los comportamientos diferentes y su talante laico o carente de sentido religioso, ha sido asociado a una más alta incidencia de rupturas. Por otra parte, el énfasis que se da en nuestros tiempos a la calidad de vida, a la realización inmediata y a la búsqueda de la felicidad *aquí y ahora,* también parece fomentar la impaciencia que sienten tantas parejas de hoy ante los primeros brotes de infelicidad.

La firme creencia en la relación perfecta o ideal, tenazmente arraigada en la imaginación de tantos hombres y mujeres, alimenta enormes e inalcanzables expectativas de profunda intimidad emocional, total comprensión, inagotable satisfacción sexual y mutuo apoyo incondicional. Esta imagen idealizada de la relación es el caldo de cultivo de la desilusión, del resentimiento y de la ruptura. De hecho, un gran número de parejas, inconscientes de la irracionalidad de estos atributos, justifica su separación con la falta de estas grandiosas premisas, con el incumplimiento de estos ideales.

Otro ideal más reciente, la «pareja perfectamente simétrica e igualitaria», ha propulsado enérgicamente las exigencias y tensiones en las relaciones entre hombres y mujeres hasta niveles que no son nada realistas. Varios estudios en los últimos tres años han revelado, por ejemplo, que las expectativas de las mujeres sobre el varón a menudo superan las actitudes y comportamientos de los hombres más liberados y progresistas o avanzados. Concretamente, incluso las de aquellos hombres que apoyan firmemente la igualdad de los sexos, el progreso socioeconómico de la mujer y que opinan genuinamente que deben ayudar a la pareja a compaginar el trabajo fuera de la casa y las labores del hogar tomando más responsabilidad por los quehaceres de la casa y el cuidado de los hijos.

A pesar de estos cambios positivos de actitud que han experimentado muchos hombres, la causa más importante de resentimiento en la mujer sigue siendo la resistencia del compañero a la hora de compartir, de verdad, las responsabilidades hogareñas. El 52 por 100 de las mujeres que participaron en estos estudios recientes citan esta falta de apoyo como un problema importante en su relación. Piensan que sus parejas están demasiado preocupadas por sus actividades fuera de la casa y por sus «egos».

Entre los retos más importantes que tienen que superar las parejas de hoy se encuentran las exigencias que se plantean cuando la mujer trabaja fuera del hogar. Así, por ejemplo, en los últimos veinticinco años se ha duplicado el número de mujeres en el mundo laboral en Estados Unidos. Coincide que durante este mismo período las separaciones y divorcios también se duplicaron. En España, en la última década, las mujeres han aumentado notablemente su participación en el mundo laboral. En este mismo período el número de sentencias civiles de separación y divorcio se incrementó en más del doble.

Los avances feministas también han sido asociados con nuevos conflictos en las parejas. Así, la separación es más frecuente en matrimonios en los que el sueldo de la mujer es más alto que el del marido; ocurre lo mismo entre las mujeres que son profesionales con trabajos liberales. La independencia económica femenina implica más seguridad y un mayor número de opciones. Esto no quiere decir que las mujeres sean más culpables que los varones del incremento en la incidencia de rupturas de parejas, pues aunque aproximadamente el 60 por 100 de los divorcios son iniciados por la mujer, en el fondo, casi nunca se sabe con certeza quién sembró realmente la semilla del conflicto.

De todas maneras, el peor agravio que sufren colectivamente las mujeres que hacen doble jornada, fuera y dentro del hogar, no es la carga larga y pesada que soportan; eso es simplemente el coste más obvio y tangible. El problema más serio con el que se enfrentan es que a causa del resentimiento que más o menos conscientemente albergan hacia el compañero por haberse llevado históricamente la parte del león, no pueden permitirse amarle incondicionalmente.

Como ya indiqué en el capítulo anterior, el equilibrio de poder en la pareja es siempre delicado y se altera fácilmente por cambios en el individuo, en la relación o en el entorno social en el que viven. La contaminación del amor con la lucha de poder se manifiesta con frecuencia en forma de erosión del amor. Por ejemplo, el deseo de dar o de sacrificarse por la pareja se transforma en rencor y en ansia por recibir, o en constante temor de ser engañados o abusados por el otro. En definitiva, cuando se entabla un conflicto de poder, la dependencia mutua y la reciprocidad se transforman en la lucha por ser el primero.

Muchos enamorados que logran evitar los dos extremos peligrosos de sumisión total o de dominio absoluto en la relación, y que superan la disminución de la intensidad pasional, sucumben, sin embargo, a la necesidad obsesiva de alcanzar otros ideales o expectativas absolutas de reciprocidad armoniosa y perfecta. Cuando estas ilusiones de mutualidad, tan inalcanzables como la inagotable pasión sexual, se frustran, producen otra serie de problemas y decepciones. El amor se marchita y en su lugar surge el desánimo, el resentimiento o la apatía. Lo que parecía un refugio seguro se transforma en una trampa, en un lugar inhóspito y sofocante, donde uno se siente intranquilo e inseguro.

En realidad, tanto estos ideales frustrados como el desvanecimiento de la intensidad pasional, son paradójicamente el resultado de la dinámica interna del amor, que con frecuencia implica necesidades y metas intrínsecamente contradictorias.

Las aspiraciones de fusión perfecta representan una amenaza para la relación, sobre todo cuando parecen estar cerca de alcanzarse, pues acarrean el peligro de sofocar a la pareja y de transformarse en una gran desilusión. La reciprocidad exquisita y permanente y la armonía emocional constante dentro de una relación de dos personas son metas ilusorias, frágiles y, por definición, inalcanzables. Unas veces por las inevitables limitaciones de la convivencia; otras por la propia naturaleza contradictoria de los deseos y demandas de cada uno, y otras simplemente por la incapacidad existencial de cualquier ser humano para satisfacer totalmente los anhelos y expectativas de otro. Al final, la pareja pierde la esperanza de que sus deseos puedan ser gratificados y se desmoraliza.

El amor evoluciona. El romance se basa en la idealización del ser amado. Es un acto de imaginación exagerada por el cual el enamorado distorsiona o proyecta sus fantasías de perfección sobre el objeto de su afecto. Con el paso del tiempo y las exigencias de la vida diaria, el amor pasional pierde su intensidad y la idealización del ser amado se transforma. Unas veces cambia de carácter, otras disminuye o incluso se desmorona precipitadamente. La desilusión de la pareja depende de muchos factores: unos internos, como la falta de imaginación o los problemas neuróticos, y otros externos, como ciertos acontecimientos que afectan a la pareja individualmente o juntos. Pero, en definitiva, la desilusión se produce cuando se rompe el acoplamiento de los dos, cuando los deseos, necesidades y valores, conscientes o inconscientes, se vuelven incompatibles y conflictivos.

El nacimiento de un hijo puede significar un golpe a la ilusión de perfección y armonía en la pareja. La idea de que el hijo constituye una amenaza para el equilibrio de la relación es algo irónico, pues la criatura simboliza la misma fantasía de fusión. Sin embargo, como ya apunté cuando describía los poderosos efectos que los pequeños ejercen sobre sus progenitores, los niños cambian la dinámica de la pareja al introducirse como actores sociales importantes en el escenario del hogar. Por ejemplo, ocurre con frecuencia que uno de los padres, generalmente la madre, se une intensamente al hijo, de forma que el cónyuge siente que la mujer se separa de él, que ya no es el primero, ni sus necesidades son una prioridad para ella. Incluso cuando el hombre logra superar su sentimiento de exclusión, a menudo la mujer le impone otra exigencia: que él quiera a la criatura con la misma intensidad y entusiasmo que lo hace ella. Cuanto más incapaz se siente él de satisfacer esta expectativa, más rechaza a la mujer por hacerle sentirse inadecuado o culpable. Como resultado, la armonía de la relación disminuye, el equilibrio se altera, surge el conflicto y el amor se erosiona.

Algunos matrimonios que desde fuera parecen funcionar bien, en realidad carecen de reciprocidad, de pasión, de intimidad, de idealización y, en definitiva, de vida emocional. En estas parejas las normas sociales externas han reemplazado por completo a las reglas del corazón. Dependen de la identidad pública que les da el «nosotros», y aunque encuentran una gran seguridad en la convivencia diaria, no sienten ningún placer. Se refugian con fervor en la institución protectora del matrimonio, aunque odien el abrazo conyugal. Mantienen una compostura civilizada entre ellos, y parecen funcionar socialmente con serenidad, viajan y alternan, pero carecen de atracción mutua y de intimidad.

Estas parejas comparten en silencio un proyecto común: el acuerdo tácito de escenificar una unión impostora ante el mundo. Relación que es, por lo general, más ineficaz y más vacía que abiertamente conflictiva, porque en las parejas que luchan todavía queda cierto grado de pasión. Discuten con libertad y franqueza los problemas, y no funcionan bajo la restricción de tener que aparentar una dicha ficticia.

Algunos protagonistas de estas uniones anémicas son inconscientes de la bancarrota emocional de su existencia. Si en un momento de claridad se sienten estafados por la vida, son rápidamente confortados por los escépticos del amor que proclaman con fervor que la pasión es breve, que el aburrimiento y la apatía son el final ineludible de cualquier relación, o denuncian la superficialidad del amor pasional y la inmadurez de quienes lo buscan. Así, justifican y racionalizan su penosa situación, juzgándola como la norma, mientras sus actividades sociales sustituyen cada vez más sus necesidades de cariño y de intimidad. Si ambos han abandonado la idea del amor, la relación puede que dure, pero si uno de ellos aún posee el potencial y la ilusión del romance y la pasión, se produce una gran amenaza para estas parejas.

Como escribió la psicoanalista Ethel S. Person, el peaje de las parejas que mantienen sus relaciones sin amor excede con mucho al mero empobrecimiento de su relación. Porque para preservar semejante unión es preciso amortiguar las necesidades emocionales básicas de la persona y suprimir toda imaginación. De esta forma, muchos hombres y mujeres mueren psicológicamente décadas antes de su muerte biológica.

El acceso a la separación o el divorcio, aun siendo la última opción para las parejas desgraciadas, también causa ciertas inhibiciones en su relación. Conscientes de lo asequible que es la ruptura legal, estos consortes se reprimen para no provocar el conflicto y precipitar la escisión. Al mismo tiempo, esta actitud de temor elimina la posibilidad de enfrentarse abiertamente a las desavenencias y facilita que la relación se cargue de rabia encubierta y de frustraciones disimuladas. En este sentido, aunque cada día son menos, todavía existen mujeres que, a medida que se hacen mayores, tienen miedo de enfrentarse directamente a sus maridos, porque piensan, a menudo correctamente, que ellos mantienen opciones fuera del hogar que ellas no comparten.

Al final, se puede decir que el destino del amor depende de muchos factores, desde el temperamento y el carácter de los enamorados hasta su capacidad para la tolerancia, para pasar por alto o para perdonar. Pero el futuro del amor no depende solo de lo que aporta la pareja. Como ha señalado Ethel S. Person, a la vez que reconocemos el papel esencial que juega el amor romántico en la vida, debemos buscar y mantener otras relaciones, otros caminos que también nos guíen hacia el sentido de la vida. Porque quizá lo más importante de todo para la supervivencia del amor es que no le exijamos cargar, por sí solo, con todo el peso del significado de nuestra existencia.

# 7
## LA DECISIÓN DE ROMPER

> En tiempo de crisis, la pregunta sobre el significado real de la vida irrumpe en nuestra conciencia. Cuanto mayor es la prueba, más urgente se vuelve esta cuestión. Parece que si llegásemos a captar el sentido de la existencia, comprenderíamos el verdadero propósito de nuestro sufrimiento —e incidentalmente el del sufrimiento ajeno—, lo que nos aclararía el por qué tenemos que soportarlo. Y si al entender el objetivo de la vida nos damos cuenta de que el dolor que experimentamos es necesario para conseguir esa meta, nuestra crisis se convierte en algo que tiene una finalidad y, por tanto, más tolerable.
>
> BRUNO BETTELHEIM, *El último límite,* 1968.

La ruptura de la pareja es una de las experiencias más traumáticas, amargas y penosas que pueden sufrir los seres humanos. La decisión de romper, separarse o divorciarse, aparte de sus implicaciones sociales, económicas y, para muchos, incluso religiosas, es un proceso personal extremadamente doloroso. Creo que es precisamente este dolor la razón principal por la que se ha escrito tan poco sobre el trance de la pareja que se desgarra. Quienes no se han separado, tal vez no desean que se les advierta de que lo que sucede a otros también puede ocurrirles a ellos, y para quienes han atravesado este *túnel* de agonía, revivir el pasado puede ser tan angustioso que prefieren olvidarlo por completo.

En las sociedades occidentales más del 90 por 100 de las personas se casan, y la gran mayoría consideran el matrimonio como un paso esencial para lograr el bienestar en la vida. Sin embargo, el simple hecho de creer que una unión es el cauce obligado para tener una existencia feliz no es óbice para que muchas parejas, tarde o temprano, decidan poner fin a su relación. De hecho, esta idea de que la felicidad de la pareja es fundamental en la vida tampoco ayuda a hacer más sólidos o duraderos los lazos matrimoniales. Tal creencia da lugar, más bien, a que rechacemos la noción de que es preciso soportar a toda costa una relación de pareja si esta se convierte en fuente de frustración, resentimiento e infelicidad.

En cierto modo, como indiqué en el anterior capítulo, los actuales valores culturales o principios sociales que tanto persiguen la calidad de vida y la búsqueda de la felicidad, contribuyen al elevado índice de rupturas de parejas que existe hoy en los países industrializados de Occidente. La impaciencia ante cualquier obstáculo que se interpone en nuestro camino hacia la realización personal nos impulsa a menudo a intentar superarlo por todos los medios, aunque tengamos que pagar un precio muy alto. De la misma manera, en nuestro empeño por alcanzar el bienestar y la dicha a través de la unión con otra persona no podemos evitar enfrentarnos con la abrumadora y dolorosa decisión de romper con la pareja, de terminar un matrimonio desdichado.

Sin embargo, no es frecuente que las parejas decidan terminar su relación solo porque quieran superarse, realizarse o, simplemente, ser más felices. Por lo general, la decisión de separarse o divorciarse es el resultado de una larga y dolorosa lucha, en la que hay que atravesar un túnel intrincado y tenebroso donde sentimientos intensos de miedo, culpabilidad, rencor, o incluso odio, se convierten en parte integrante del día a día. Al final, cada cónyuge tendrá que pasar de un mundo que, aunque malo, conoce, a otro totalmente desconocido.

La mayoría de las parejas encontrará luz al final de este túnel. Como sostiene el sociólogo norteamericano Morton Hunt, «la historia del divorcio casi siempre tiene un final feliz». Sin embargo, para algunas parejas, aunque representen una minoría, el desenlace no es muy claro. Hasta el punto de que acabarán preguntándose si el trauma de la separación mereció la pena, o si tan drástico y penoso remedio no fue peor que la enfermedad.

Aunque todavía hay gente que ve en la separación legal o el divorcio un veneno para la institución matrimonial, lo cierto es que el matrimonio gravemente enfermo es la única víctima del divorcio. Me refiero a esa relación que ocasiona un dolor constante en la pareja, que saca a flote lo peor de cada uno, que es fuente de incomprensión y desdicha, que no permite la intimidad, ni compartir el transcurso de la vida, ni aporta el menor sentimiento de reciprocidad, de protección, de confianza o de aprobación. Es la unión donde no existe amor, ni seguridad, ni apoyo, ni alegría, ni amistad.

Los hombres y mujeres que toman la decisión de romper no hacen sino aplicar el remedio final a una grave dolencia. Pero esta enfermedad no es la unión en sí, sino la relación desgraciada. Lo que de verdad busca la mayor parte de quienes se separan no es la libertad, la independencia o la gratificación egoísta, sino el retorno al saludable estado del emparejamiento feliz.

No obstante, todavía hay voces que pregonan que el divorcio es como un tumor maligno en una sociedad enferma, una forma de transigir con la flaqueza humana, que quienes se separan solo buscan la satisfacción de sus necesidades narcisistas, mientras olvidan o ignoran sus anteriores promesas de mantener para siempre la fidelidad a la pareja y de protegerse mutuamente. Los que así opinan ven el divorcio como el enemigo de la familia, de los valores religiosos, de las tradiciones y de las normas sociales. Desde mi punto de vista, estos temores y protestas se basan en criterios subjetivos y sentimentales, no en la evidencia. La separación o el divorcio no son la antítesis del matrimonio, sino más bien un ingrediente básico del sistema matrimonial. Si reflexionamos, la ruptura formal es la única solución para que aquellos individuos que son desgraciados con su pareja puedan algún día conseguir una nueva relación feliz.

Como escribió Margaret Mead hace años: «Toda persona tiene derecho a mudarse si no le gusta su casa, a cambiar de colegio, de amigos, de partido político y de religión. Junto a la libertad de elegir, está implícito el derecho a cambiar de parecer. Si podemos rectificar los errores del pasado en casi todos los campos de las relaciones humanas, ¿por qué tiene el matrimonio que ser una excepción?».

Mientras las parejas felices emanan alegría, vitalidad y eficacia, las desgraciadas solo propagan sufrimiento, incompetencia y miseria humana. Una leyenda india del siglo XIX es muy ilustrativa: «Durante el primer año del reinado del rey Julief, dos mil parejas se divorciaron de mutuo acuerdo en los tribunales. Al enterarse el rey, se indignó de tal manera que inmediatamente abolió el divorcio. A lo largo del siguiente año, el número de casamientos en el reino disminuyó en más de tres mil; los casos de adulterio aumentaron en unos siete mil; trescientas mujeres fueron quemadas vivas por envenenar a sus maridos; setenta y cinco hombres fueron condenados a muerte por asesinar a sus esposas, y la cuantía de los muebles y enseres destruidos en los hogares llegó a más de tres millones de rupias. Al enterarse el rey Julief, restableció el privilegio del divorcio».

En todas las sociedades de hoy, parejas que se unen formalmente o contraen matrimonio acaban decidiendo, tarde o temprano, que su relación se ha vuelto vacía, infeliz o insostenible. Es evidente que una cierta proporción de matrimonios está destinada al fracaso, realidad que no debe inquietar ni asustar a nadie. Pasa lo mismo con los otros tipos de relación y lo aceptamos sin dificultad. No solemos sorprendernos ni culpar a nadie por el fin de una amistad o de una asociación profesional, aunque el comienzo estuviera genuinamente orientado por los mejores augurios y expectativas.

No todas las parejas que inician una relación sentimental pensando que será gratificante y duradera, aciertan. Si hay algo difícil o imposible de predecir es precisamente el resultado de una relación humana y, sobre todo, de un matrimonio. Hay personas que creen que un experto en psicología de la pareja puede pronosticar el futuro, el destino de las relaciones, o calcular las probabilidades de éxito o la capacidad para mantener a lo largo de los años un alto nivel de compatibilidad entre dos personas. Sin embargo, tal falacia no se escapa a mucha gente. Y quizá sea la aceptación de ese grado de incertidumbre y duda lo que hace que la sociedad acabe por permitir que quien se casa y es infeliz pueda romper, separarse, divorciarse y probar de nuevo, en vez de obligarle a soportar y mantenerse fiel a los votos del matrimonio por el resto de su vida, aunque solo sea en público. En las encuestas sobre ética social realizadas en España la mayoría de los participantes se pronuncia a favor del divorcio.

En las sociedades occidentales, la legitimación de la ruptura de la pareja por medio de la separación, el divorcio o la anulación matrimonial ha estado durante mucho tiempo bajo control religioso, y solo recientemente se han liberalizado y secularizado estos procesos. El auge del modelo de familia nuclear, o del hogar reducido y autónomo compuesto solamente por la pareja y pocos hijos, ha coincidido con el fin del control de la religión sobre el matrimonio y la ruptura formal de la pareja, y ha supuesto el comienzo de una era de grandes —si no idealizadas— expectativas y exigencias hacia las relaciones entre hombres y mujeres. Un número importante de sociólogos ha resaltado que quizá exista una relación directa entre este incremento en las demandas volcadas sobre la pareja y el creciente aumento en el índice de separaciones y divorcios.

Por el contrario, en sociedades donde todavía es frecuente el tipo de familia extensa: el hogar compuesto de padres, hijos, abuelos, tíos, sobrinos y primos, en el que todos participan y juegan un papel importante en la convivencia diaria y en la identidad familiar, existe más flexibilidad para desviar o compartir las tensiones de la pareja. Como consecuencia, las imposiciones y responsabilidades que recaen directamente sobre ella son menores. Este modelo de familia amplia y extendida ofrecía más alternativas a la hora de abordar problemas en momentos de crisis y, de paso, contaba con mayores posibilidades de supervivencia.

Cuando la familia reducida o nuclear se convierte en la base de la organización social, bajo presiones y conflictos internos o externos, la intensidad de las desavenencias se acentúa, las imposiciones sobre el hombre y la mujer se hacen insoportables y las expectativas inalcanzables. En una situación de esta naturaleza la separación constituye una válvula de seguridad que, a la larga, consigue que el sistema del matrimonio siga funcionando. La ruptura permite a la pareja *escapar,* liberarse y, a la vez, contar con la oportunidad de emparejarse de nuevo y alcanzar la armonía y la felicidad.

Hoy día, prácticamente todas las sociedades ofrecen alguna forma o proceso aceptable para poner fin al matrimonio, bien sea la separación, el divorcio, la anulación u otras fórmulas de ruptura. En los países de la Comunidad Europea, mientras que la tasa de nupcialidad ha disminuido en las últimas décadas, los divorcios han seguido la tendencia contraria. En España, por ejemplo, donde desde 1981 es posible la disolución del matrimonio por medio de la separación legal o del divorcio, se ha apreciado un incremento constante de las rupturas matrimoniales por vía legal.

Entre las naciones de Occidente, Estados Unidos es uno de los países con tasas más altas de rupturas matrimoniales. Los casos de divorcio han aumentado considerablemente en las últimas décadas, aunque desde 1990 el índice se ha estabilizado. En 1977, por ejemplo, un tercio de todos los matrimonios norteamericanos acababa en divorcio, mientras que en la actualidad la mitad sigue los mismos pasos, aunque hay que tener en cuenta que dentro de estas cifras se incluye a personas que se casan y se divorcian más de una vez.

Sin embargo, estos datos son incompletos porque muchas personas consultadas se niegan a facilitar la información sobre su estado civil, quizá por el estigma social que implica o la carga afectiva que este tipo de preguntas encierra. Todavía se dan muchos casos de mujeres con hijos que dicen ser separadas, aunque nunca se casaron, y de hombres que dicen ser solteros, cuando de hecho están separados o divorciados. En cualquier caso, tan importante como las cifras sobre el número de parejas que rompen es examinar quiénes son esos hombres y mujeres que deciden «dar el paso».

El número de mujeres divorciadas es mayor que el de hombres, en una proporción de 5 a 3. Una razón de esta disparidad es que mientras que el 85 por 100 de los hombres que se divorcian vuelven a casarse, entre las mujeres solo el 75 por 100 se casan por segunda vez. Además, entre los hombres divorciados, el 90 por 100 se vuelve a casar con mujeres solteras, mientras que en el caso de las mujeres que se divorcian solo el 60 por 100 elige hombres solteros en su segundo matrimonio. El hombre tiende a casarse y divorciarse varias veces con más facilidad que la mujer. También hay que tener en cuenta el hecho de que las mujeres tienen una esperanza de vida de unos ocho años más que los hombres, lo que hace que en números absolutos haya más mujeres que hombres separadas o divorciadas.

En Occidente, la edad media de las parejas que rompen está descendiendo. En Norteamérica, por ejemplo, entre los hombres la media actualmente es de treinta y cuatro años, mientras que entre las mujeres es de treinta. Sin embargo, una proporción significativa se divorcia a edades más avanzadas. Así, el 15 por 100 de los hombres y el 12 por 100 de las mujeres que se divorcian lo hacen cuando tienen más de cuarenta años.

Aunque hay más personas separadas que divorciadas —pues no todas las parejas que se separan optan por el divorcio—, la proporción de divorciados frente a separados ha crecido recientemente, quizá como consecuencia de la mayor disponibilidad y aceptación del divorcio. Parece ser que cada vez es menor el número de personas que quedan suspendidas en el limbo de la separación por temor a dar el último paso, pues el período entre la separación y el divorcio se está acortando. Según las cifras de que dispongo, el 71 por 100 de divorciados tardó menos de dos años en pasar de la separación al divorcio, y solo un 2,4 por 100 prolongó la separación hasta diez años o más, antes de dar el paso definitivo del divorcio. Con todo, existe un pequeño número de personas que prefieren permanecer el resto de sus vidas separadas, sin reconciliarse ni divorciarse.

Aproximadamente la mitad de los divorcios se produce después de transcurridos por lo menos cuatro años de matrimonio y un 10 por 100 tiene lugar entre parejas que llevan más de veinte años casadas. Sin embargo, la incidencia más alta ocurre a los siete años, algo que popularmente se conoce en Estados Unidos como «el picor del séptimo año». Si solo se considera la edad de la pareja y se descartan los años de casados, es un hecho estadístico que a menor edad, mayor es la predisposición hacia la ruptura. Muchos piensan que la juventud y los atractivos físicos que esta implica les va a facilitar la búsqueda de otra persona para formar una nueva pareja.

Se tiende a pensar que la separación es más común entre las personas de nivel social alto, los descontentos o los caprichosos. Quizá esta percepción responda a la notoriedad de algunos divorciados famosos, que atraen la atención de los medios de comunicación. La realidad, sin embargo, es diferente; en términos generales, en Europa y Norteamérica desde la década de los años sesenta han sido precisamente las clases económicas medias y bajas las que más a menudo optaron por romper sus emparejamientos desdichados. No obstante, entre las mujeres, cuanto más altos son sus niveles educativo, económico y profesional, mayor es la aceptación o inclinación hacia la separación o el divorcio, en contraposición con aquellas que no trabajan fuera del hogar o que tienen ingresos económicos muy mermados. En el caso de los hombres sucede lo contrario: a mayor nivel económico o *status* profesional, menor es la tendencia a escoger la separación como remedio de un matrimonio desdichado.

Esta diferencia entre hombres y mujeres sugiere que el matrimonio cumple funciones distintas para cada uno de los sexos. Por ejemplo, entre muchas parejas los hombres se casan buscando, por encima de todo, compañía y apoyo afectivo, mientras que en las mujeres la seguridad económica y la formación de un hogar suelen ser factores determinantes. Otra realidad es que cada día son más las mujeres que consideran la separación como alternativa viable cuando la relación con el hombre se convierte en origen de opresión o de amargura, especialmente una vez que han establecido su independencia económica. En cambio, son abundantes los casos de maridos que temen el impacto o las consecuencias negativas del divorcio sobre su imagen profesional, lo que les obliga a tolerar más un matrimonio que no les satisface.

Aunque cada unión entre dos personas es un mundo distinto y resulta peligroso generalizar, con frecuencia la ruptura se explica como consecuencia de una alteración importante en la dinámica del hogar, un cambio que requiere un ajuste fundamental en el equilibrio de poder entre el hombre y la mujer. Los efectos desestabilizadores se producen incluso cuando la transformación ha sido positiva, al menos para uno de los cónyuges. Un ejemplo típico es el de la mujer de mediana edad que durante pacíficos años de casada mantuvo una actitud sumisa, sacrificada, pasiva y complaciente hacia el marido. Todo iba bien entre ellos hasta que un día, sin comprenderlo, la mujer comenzó a dormir mal, a perder peso y a entristecerse. Se sentía cansada, sin energías, e incluso llegó a dudar del valor de la vida. El marido, preocupado, consultó con un médico amigo, quien sugirió que se podía tratar de una depresión y le recomendó que la mujer consultara con un psiquiatra, lo cual ella hizo sin reservas.

El tratamiento consistió en psicoterapia enfocada a aliviar la depresión y también explorar las consecuencias nocivas de la personalidad dependiente y pasiva de la mujer. Al cabo de unos meses, la tristeza desapareció y las ganas de vivir resurgieron en ella. Al mismo tiempo, empezó a mos-

trarse mucho más activa, fuerte y segura de sí misma. Su carácter se hizo más firme y dominante, lo que le ayudó a expresar abiertamente sus opiniones y deseos y a disentir sin
reparos del marido. Por su parte, el hombre, sintiéndose
amenazado por estos cambios temperamentales y de talante
de su compañera, reaccionó con temor y recelo, se distanció
y empezó a beber con exceso. Al poco tiempo el marido perdió el trabajo. Sin embargo, la mujer encontró una ocupación bien remunerada y pronto se convirtió en la cabeza de
familia. Como consecuencia de este cambio radical en la dinámica de la pareja, al que no pudieron adaptarse, la relación se deterioró progresivamente hasta el punto que dos
años más tarde la mujer decidió separarse y buscar una relación de pareja más gratificante.

En cierto sentido, el cambio positivo en el estado de ánimo y personalidad de la mujer rompió el equilibrio de poder
original de la pareja y desembocó finalmente en la ruptura.
Este caso también ilustra cómo ciertos síntomas neuróticos y
rasgos problemáticos del carácter pueden incluso servir de
fuerza estabilizadora en la relación de pareja. La personalidad
pasiva y dependiente de la mujer en el caso citado servía origi-
nalmente para protegerla del miedo a su propia agresividad y
competitividad con el marido. Por otra parte, su actitud débil,
sumisa e impotente constituía una defensa que le ayudaba a
justificar inconscientemente la imagen idealizada de mártir.
Estos síntomas contribuyeron en un principio a mantener el
equilibrio y la armonía de la relación, pero al cambiar la manera de ser de la mujer —aunque fuera para mejor—, y la pareja no ser capaz de adaptarse a la nueva dinámica, se perdió
la cohesividad de la relación y la ruptura se hizo inevitable.

Ocurren más separaciones y divorcios entre las parejas
con hijos que entre los matrimonios sin hijos. Los hijos por sí
solos no sirven para salvar o sostener un matrimonio. De he-

cho, como ya apunté anteriormente, los niños, sobre todo si tienen problemas físicos o emocionales serios, representan un enorme reto para el equilibrio del hogar. También es cierto que muchas parejas cuyo matrimonio no va bien evitan tener hijos.

Desde siempre las creencias religiosas de la pareja han influido sobre la decisión de romper. Antes de los años sesenta, el índice de rupturas entre matrimonios católicos era muy bajo, pero hoy las cifras de separaciones y divorcios entre católicos y protestantes están acercándose. Parece ser que, aunque el peso de la religión todavía continúa siendo un factor en la aceptación o rechazo del divorcio, ante la realidad de un matrimonio infeliz y sin esperanza de arreglo, muchas parejas religiosas abordan la decisión como una cuestión de conciencia o de responsabilidad ante sí mismas.

Ciertos antecedentes familiares de la pareja, por ejemplo el hecho de que exista un historial de separaciones en parientes cercanos, o, por el contrario, se trate del primer caso, son factores que suelen también influir a la hora de contemplar la posibilidad de romper. Lo mismo ocurre con el nivel de tolerancia hacia la separación o el divorcio como solución válida para la infelicidad conyugal en la familia o en el entorno social de la pareja. Todos estos elementos psicológicos y sociales van a configurar la actitud de cada individuo hacia la ruptura del matrimonio.

Las experiencias amorosas anteriores al matrimonio también pueden moldear la predisposición de la pareja hacia la separación. Cuanto más numerosas, positivas o gratificantes hayan sido las relaciones amorosas antes de casarse, mayor parece ser la aceptación de la disolución matrimonial como alternativa a una relación desdichada. Igualmente incide positivamente el que las personas hayan tomado iniciativas anteriores en las que existió un elevado grado de riesgo. Si el índice de éxitos fue alto, la probabilidad de aceptar el trance que implica poner fin a una relación también suele ser mayor. Otro factor a considerar es la eventualidad de que uno de los cónyuges que decide romper esté envuelto en una relación amorosa, tenga planeado vivir con otra persona o comenzar una relación inmediatamente después de separarse. Es evidente que cuando hay alguien esperando, disminuye considerablemente la incertidumbre ante lo desconocido, y la opción de romper es más atractiva.

Entre las parejas que viven en grandes ciudades se da un índice más alto de separaciones y divorcios que entre quienes viven en zonas rurales. El divorcio es una opción que ha surgido en el medio urbano, un producto de la ciudad, donde el estigma de la ruptura matrimonial es menor y existe una gran tolerancia hacia ideas y comportamientos diferentes. Al mismo tiempo, los matrimonios que empiezan a desintegrarse, a menudo se mudan a las capitales, donde existe mayor independencia y anonimato, más posibilidades de vida social y las oportunidades de trabajo son mejores.

Ciertos autores han sugerido que ante la decisión de romper muchas parejas sopesan penosamente las diversas alternativas dentro y fuera de su relación. Esto es, hacen un cálculo laborioso y concreto de las ventajas e inconvenientes, limitando el proceso a una especie de balance racional de opciones. Así, cuantas más posibilidades vean fuera de la relación, mayores serán las exigencias sobre la pareja y menor la eventualidad de resignarse a una situación de infelicidad. Sin embargo, rara vez las parejas llegan a la decisión de romper siguiendo un proceso tan racional y premeditado. Las circunstancias suelen ser tan intensas y emotivas que casi siempre lo que predomina es el instinto, los impulsos. Después de todo, el valor de las distintas alternativas que la vida ofrece es siempre subjetivo y varía de persona a persona y de momento a momento, según las condiciones individuales, los valores sociales y culturales y las distintas coyunturas externas.

Sea como fuere, romper una relación de pareja en la que creció, habitó y murió el amor supone siempre una prueba espinosa, un trance angustiante, un enorme reto. Quizá, hace siglos, Hipócrates tuviera esta encrucijada en su mente cuando reflexionó: «La vida es corta, el arte duradero, la crisis efímera y la decisión difícil».

# 8
## EL TÚNEL DE LA SEPARACIÓN

> La necesidad del ser humano de explicar en todo momento su comportamiento, sus circunstancias y el mundo en el que vive es tan fundamental como la necesidad de alimentos o de agua. De la misma forma que la naturaleza no tolera el vacío físico, la mente humana aborrece el vacío que produce la falta de explicación, de significado y de sentido de las cosas.
>
> JEROME D. FRANK, *Persuasión y cura,* 1961.

La gran mayoría de las parejas rotas comenzaron su relación y se unieron por amor, y solo después de algún tiempo la convivencia empezó a deteriorarse hasta llegar a una situación de insostenible infelicidad. El amor, sin embargo, no siempre es la razón única que conduce a una relación de pareja. En la decisión de formalizar una unión como el matrimonio juegan un papel importante otras aspiraciones: la necesidad de encontrar compañía, la seguridad económica, el deseo de tener hijos, el afán de satisfacer las expectativas de los padres o la sociedad y la necesidad de seguir la tradición y otros principios o valores culturales. No obstante, es difícil encontrar una pareja de recién casados que no declaren abiertamente que están enamorados ni muestren visiblemente las señales de que esta declaración es sincera.

Aunque se considere que el amor es el motivo fundamental para contraer matrimonio, tan solo recientemente se ha comenzado a aceptar que la falta de amor es razón suficiente para romper la relación. Hasta hace pocos años era necesario que uno de los cónyuges demandase al otro por graves transgresiones de conducta o claro incumplimiento de las obligaciones maritales: adulterio, alcoholismo, malos tratos o abandono del hogar. Casi siempre el inculpado era el hombre. Pero más recientemente se han ido aceptando otras razones para la separación y el divorcio, justificaciones más sutiles o «civilizadas», como el sufrimiento emocional o la crueldad mental, que ya se encuentran entre los argumentos más frecuentes. Hoy día, la simple incompatibilidad de caracteres o la separación temporal de la relación se aceptan normalmente como motivos de ruptura, y están ganando popularidad frente a las causas más extremas y dramáticas que se invocaban antiguamente.

No obstante, aunque cambien las leyes de la separación o del divorcio, las razones reales por las que las parejas se rompen no suelen variar. Lo que ocurre es que, con la ayuda de los abogados, se alegan motivos diversos para ajustarse a la legislación vigente en el momento. Por ejemplo, la llamada «incompatibilidad de caracteres» es una causa muy aceptada e invocada de mutuo acuerdo porque implica la inexistencia de culpabilidad de ninguna de las partes, lo que permite a la pareja que se separa proteger mejor su dignidad, y quizá romper sin crueles enfrentamientos y luchas, sin escándalos o sin tener que mentir bajo juramento ante el juez, cualquiera que haya sido la situación dentro del matrimonio. De hecho, un motivo de ruptura que hoy alegan bastantes parejas es: «con el tiempo crecimos en diferentes direcciones» o «desarrollamos intereses opuestos», lo que a su vez constatan con claros síntomas de aburrimiento, apatía sexual, falta total de entusiasmo o una profunda divergencia de metas, aficiones y gustos.

En general, se calcula que la mitad de las parejas optan por una separación o divorcio sin culpable ni inocente. En España, según datos del Consejo General del Poder Judicial, la mitad de las sentencias civiles de separaciones y divorcios tienen lugar de mutuo acuerdo. Las demás parejas acuden a los tribunales para que el juez determine, casi siempre tras una verdadera y traumática batalla campal, quién es el culpable y qué pena cabe imponer. Pero, en definitiva, los motivos de uno y otro grupo para romper no suelen ser muy distintos. Entre el grupo que busca una ruptura con «culpable», a la hora de optar por el camino de la confrontación ante la justicia y por la búsqueda de una sentencia condenatoria, tienen tanto peso los sentimientos de odio y de venganza como la necesidad de encontrar una explicación a lo sucedido.

De cualquier manera, en la mayoría de los casos es virtualmente imposible determinar con exactitud qué es lo que falla, qué es lo que no funciona en tantas parejas de hoy que se rompen. La única excepción quizá sean esos casos aislados que, al buscar ayuda profesional, se someten al intenso escrutinio de los profesionales de la psicoterapia.

Ciertos estudios sociológicos tratan de explicar las causas de ruptura de parejas casadas mediante extrapolaciones entre índices de divorcio y cambios sociales o económicos en la población, pero no nos aclaran por qué bajo las mismas condiciones socioeconómicas unos matrimonios sobreviven y otros fracasan. Una explicación que dan a menudo es, por ejemplo, que la liberalización legal del divorcio ha creado un clima más propicio para la aceptación de la ruptura de la pareja como solución de los problemas maritales. Esta opción contrasta con la alternativa de sufrir pasivamente, de eludir al compañero, de buscar fórmulas camufladas de separación o de compensar la infelicidad conyugal manteniendo una segunda vida con relaciones amorosas fuera del hogar.

Es evidente que la legalización de la ruptura ha coincidido con un verdadero disparo en las cifras de parejas rotas, pero esto no nos explica qué es realmente lo que hace fracasar a tantos matrimonios, cuál es la naturaleza del descontento de tantos hombres y mujeres y, al mismo tiempo, cómo es que existen tantas parejas desdichadas que, aun contando con un acceso fácil a la separación, no se atreven a dar el paso y continúan siendo infelices en su relación.

El aumento de las separaciones y divorcios ha sido también atribuido a la creciente tolerancia religiosa, a su mayor aceptación social y cultural y a la mayor predisposición a separarse de quienes tienen padres ya divorciados. Por otra parte, se culpa también a los avances tecnológicos, al impacto de los medios de comunicación, sobre todo la televisión, y a la evolución del modelo tradicional de familia extensa hacia el hogar nuclear, más reducido y autónomo. Otras razones incluyen los avances en las causas femeninas y las mejoras del papel social de la mujer, su autonomía y nivel económico. Pero a pesar de la posible influencia de todos estos factores, desde un punto de vista personal, es evidente que las parejas que se rompen no invocan el progreso, el movimiento feminista o los medios de comunicación como razones o excusas que expliquen su fracaso, su desgracia y sufrimiento. Cuando los hombres y mujeres se encuentran en trance de ruptura necesitan explicaciones que tengan sentido y que ayuden a poner en claro el caos personal por el que atraviesan.

En las parejas rotas, a menudo los cónyuges se culpan mutuamente de lo ocurrido. Los relatos personales, sin embargo,

no suelen ser exposiciones objetivas o imparciales de lo sucedido durante la ruptura, asumiendo que se pudiera alcanzar la
objetividad en circunstancias tan complicadas y tirantes. De
hecho, las descripciones que ofrece cada cónyuge son casi
siempre dispares no sólo porque cada uno describe versiones
diferentes de los mismos sucesos, sino porque relatan sucesos
completamente distintos. Con todo, hay ciertas explicaciones
que tienden a repetirse.

Una justificación es que la relación funcionó mal desde
el comienzo y la separación no es más que una forma de rectificar el error original. Otra afirmación también frecuente es
que a medida que pasaba el tiempo, cada uno evolucionó
por su lado, o uno de ellos necesitaba más libertad e independencia de lo que le permitía el otro. Algunos culpan al
compañero de problemas serios, como gastarse frívolamente
el dinero destinado a la manutención de la familia, beber alcohol en exceso, abusar de drogas, comportarse violentamente con la pareja o los hijos o sufrir una enfermedad mental grave.

Otros relatos detallan casos de parejas que comenzaron
bien, pero gradualmente, y casi de forma imperceptible, se
fueron desintegrando, sin que ninguna de las partes realmente
pueda identificar una causa concreta. La pareja fue perdiendo
la capacidad de tolerarse el uno al otro hasta que degeneraron
en una situación de peleas y riñas continuas, la mayor parte de
las veces por cosas sin importancia. Con el paso del tiempo,
los insultos se hicieron más imperdonables, el resentimiento
se fue intensificando y los participantes llegaron a no poder
pasar por alto ninguna oportunidad de vengarse. De esta forma, la convivencia se convierte en una lucha amarga y constante, que cada vez produce en la pareja heridas más profundas, hasta el punto de que ni se pueden olvidar los agravios,
ni es posible el perdón.

Independientemente de las motivaciones y circunstancias que conducen a las parejas a romper, creo que no existen separaciones o divorcios amistosos. No obstante, sí hay muchos hombres y mujeres en trance de ruptura final que abrigan la esperanza o la ilusión de mantener viva entre ellos la amistad, aunque por dentro estén empapados de una mezcla de intensa desilusión, rabia, amargura y desconfianza. A ello se añaden, por otro lado, los familiares y amigos, quienes con la mejor intención y buena fe suelen aconsejar o insistir que se busque una ruptura amigable y pacífica.

Quizá las parejas que más suerte tienen son aquellas cuya unión se debilita poco a poco, desvaneciéndose como fotos viejas olvidadas al sol, sin grandes peleas ni amargos rencores. Se trata de relaciones tan frágiles y faltas de aire que la más inconsecuente coyuntura —una oferta de trabajo en otra ciudad o un flirteo pasajero— es suficiente para que se desmoronen. Yo he visto estas rupturas entre gente joven, sin hijos ni propiedades. Se casaron por un impulso de juventud, para romper las ataduras con sus padres o para vivir una aventura romántica. Al poco tiempo la relación perdió el aliento y se convirtió en algo blando, aburrido y anémico.

Las parejas se separan de formas diversas. Hay situaciones en las que los cónyuges tienen una idea bastante perfilada de lo que va a suceder, anticipan claramente la ruptura y no parecen experimentar grandes sorpresas. Otras veces todo acontece de forma inesperada. En mi trabajo, he visto cómo se producen menos rupturas inesperadas que muertes repentinas. Pero al igual que ante la muerte de un ser querido, las parejas rotas, lo hayan esperado o no, se sienten abrumadas, desconcertadas, confusas, y tienden además a negar lo inevitable, al menos durante los primeros momentos del trance.

Aunque son pocos los casos, hay para quienes la ruptura de lo que parecía una unión feliz y prometedora parece llegar de repente, sin aviso ni advertencias, y resulta tan demoledora como la muerte súbita de un ser querido. Es el caso, por ejemplo, de la mujer totalmente enamorada que un día encuentra una carta de amor en el bolsillo de la chaqueta de su marido. O el hombre que presume de un matrimonio sereno y feliz y al llegar un día a casa después del trabajo se enfrenta con su esposa, quien, casi sin inmutarse, le informa de su decisión irreversible de romper y marcharse del hogar en busca de la felicidad.

Estas parejas estupefactas suelen ser las que durante años han vivido despegadas, sin comunicarse; han evitado las discusiones sobre su relación, o ignorado los problemas y conflictos entre ellos, han esquivado toda oportunidad de comunicación o de enfrentamiento con los hechos. Poco a poco su matrimonio se convirtió en algo más práctico que íntimo, más útil que entrañable.

La gran mayoría de las parejas se plantea la ruptura después de un largo y doloroso proceso del que ambos son penosamente conscientes. Por lo general, suelen transcurrir muchos meses, o incluso años, desde que abrigan los primeros pensamientos de separación hasta el momento en que deciden romper formalmente y para siempre. Durante ese tiempo, los cónyuges oscilan entre la lucha cruel e implacable y los intentos frenéticos de aliviar las heridas o enmendar los caminos. Las agotadoras horas de combate suelen concluir en lágrimas, compromisos, promesas y esperanzas. Pero no pasa mucho tiempo sin que las batallas se renueven, las heridas se abran de nuevo, cada vez más profundas, permanentes e imperdonables.

Hay parejas que cuando ven que se aproxima lo inevitable intentan detener el proceso, usan todo tipo de fórmulas de convivencia para minimizar los enfrentamientos. Se tratan con un exceso de cortesía, duermen en camas separadas o en habitaciones distintas, corren de acá para allá, van a fiestas o visitan constantemente a los amigos y, sobre todo, ocupan su tiempo cada uno por su lado, evitando a toda costa estar los dos a solas. No es infrecuente que hasta tomen vacaciones por separado para ver si las cosas se enfrían y las aguas turbulentas vuelven a su cauce.

Durante un tiempo, casi todas estas parejas quieren en el fondo que la relación siga adelante. Después de todo, la ruptura implica un grave fracaso personal, pero además son muchas las razones sentimentales y prácticas para tratar de continuar viviendo juntos: el bien de los hijos, la dependencia mutua, las obligaciones sociales, el temor a quedarse solos, el miedo a lo desconocido, la inseguridad económica, el recelo al *qué dirán,* la resistencia a defraudar a los padres o, simplemente, el deseo de mantenerse fieles a los votos del matrimonio.

Hay parejas que durante una tregua pasajera de reconciliación deciden impulsivamente tener un hijo. Aunque un hijo puede que retrase el desenlace final por algún tiempo, bajo las condiciones precarias de un matrimonio que se hunde, no es más que un recurso fútil y peligroso que ignora las necesidades fundamentales de seguridad y de cariño estable de la criatura y complica enormemente las vicisitudes de la separación. Los hijos, en definitiva, ni mantienen ni amparan a un matrimonio que está en la crisis final. Por el contrario, suponen grandes responsabilidades y exigen cariño, dedicación y energía. Estos requisitos no se pueden satisfacer dentro del entorno inestable y conflictivo de una pareja desgraciada.

Ocurre entonces que, a medida que pasan los días, la pareja se va sintiendo cada vez más aislada de los demás. Al aumentar la aprensión y la incertidumbre, crecen paralelamente el distanciamiento y el disimulo. Se deja de llamar a los amigos y de recibir gente en casa. Por su parte, los amigos, aunque no sepan exactamente lo que está sucediendo, se sienten incómodos y también se alejan.

Como ha señalado el sociólogo Robert S. Weiss, en el matrimonio se espera que cada parte sea fiel a la otra y se protejan mutuamente. Pero en un matrimonio que está fracasando se dan incontables oportunidades para traicionarse y herirse. Ciertas parejas acuden, cada uno por su cuenta, a contar a sus amigos las intimidades y los relatos más dañinos y humillantes sobre el compañero, aunque adviertan que lo hacen confidencialmente, en total secreto. Los casos de deslealtades y daños de menor importancia son interminables, desde el rechazo o la indiferencia cuando uno de los cónyuges se queja de un mal día o de un problema laboral, a excusas de todo género para evitar acompañar a la pareja a visitar a sus amigos o familiares.

Otras veces los desengaños son más profundos, como es el caso de la infidelidad. Como ya expliqué al tratar la erosión del amor, la infidelidad es frecuente en estas historias de parejas rotas, aunque sus implicaciones no suelen ser siempre las mismas. Al enterarse de la traición amorosa, todas sufren un fuerte choque, un insulto duradero y, en ciertos casos, devastador. Hay situaciones en las que el hecho de descubrir que el cónyuge ha sido infiel precipita la ruptura. Otras veces, tal descubrimiento no sirve más que para empeorar una situación que ya iba mal. Sin duda, la infidelidad siempre es causa de rencor y desconsuelo, especialmente dentro de una pareja que se hunde.

Cuando uno de los cónyuges está envuelto en una relación amorosa estable fuera del hogar, el efecto más palpable en la pareja son los sentimientos de soledad y de abandono, la carencia afectiva. En ocasiones, el cónyuge engañado intuye, más o menos conscientemente, lo que está ocurriendo y se siente doblemente traicionado y maltratado por las manipulaciones y explicaciones falsas de la pareja, por los retrasos y las ausencias, por los cambios de humor inexplicables. Eventualmente, la parte traicionada llega a dudar de todo, a no creerse nada, a cuestionar no ya al compañero infiel, sino a sí misma y, confundida, hasta pone en duda su propia capacidad de discernir entre verdad y engaño, entre lo fingido y lo cierto, entre lo aparente y lo real.

Por lo general, por muy mal que vaya un matrimonio, revelar la relación extramarital siempre hiere profundamente a la pareja. Aunque el comportamiento ante la infidelidad varíe, al ser informados de la existencia de otra persona, todos se sienten repentinamente hundidos, denigrados, indefensos, abandonados y, especialmente, desorientados. Por un lado, sienten el insulto de la traición, pero, por otro, la confesión les parece una falta aún mayor de consideración hacia sus sentimientos. Aparentemente, la justificación del cónyuge que revela su relación amorosa extramarital se hace en función de querer ser auténtico y sincero, de ser honesto a toda costa, de intentar salvar la relación. Pero, en el fondo, de lo que se trata es de expiar el propio sentimiento de culpa.

Para el matrimonio con hijos, el primer paso se hace aún más penoso, pues el bienestar de los pequeños es un motivo especial de preocupación para los padres. Entre las preguntas más comunes que se formulan: ¿quién se lo dice?, ¿qué les decimos?, ¿cuándo?, ¿cómo?, en muchas ocasiones no se les comunica nada hasta que la separación es inminente. Otras veces, las cosas se precipitan porque los niños empiezan a darse cuenta de lo que pasa, aunque se muestren temerosos y no hagan preguntas.

El final, la decisión definitiva de dar el paso llega de diversas formas: unas veces después de un altercado, otras sin que ocurra nada memorable o especial. A menudo tiene lugar de mutuo acuerdo: uno menciona la separación y el otro la acepta. Se hacen las maletas y uno de los dos abandona el hogar, por lo general el hombre. Cuando existen hijos, esta opción parece la más práctica, aunque en realidad se trate de una tradición masculina.

En cualquiera de los casos, la separación y el divorcio llegan tras un largo y penoso proceso de hundimiento y alienación del que ambos cónyuges salen lesionados, con la moral consumida, las fuerzas gastadas y la autoestima dañada. Tanto si se planeó como si ocurrió de forma inesperada, si se hizo por la vía violenta o de forma pacífica, llega el momento en que el hombre y la mujer se dan la espalda, se cierran la puerta y lo hecho, hecho está. La mayor parte de las veces, los protagonistas de este acto se convierten en seres extraños, desplazados, desconocedores y temerosos del nuevo mundo que les espera.

# 9
# LOS PROTAGONISTAS

> Cuando una relación amorosa se rompe, no es
> extraño ver surgir el odio en su lugar, circunstancia
> que nos da la impresión de una transformación del
> amor en odio... Cuando esto ocurre, el odio, que
> está realmente motivado por consideraciones de la
> realidad, es reforzado por la regresión del amor a
> la fase sádica del desarrollo del ser humano.
>
> SIGMUND FREUD, *Los instintos y sus
> vicisitudes,* 1915.

Según Erich Fromm, el aislamiento y la separación de los demás es la fuente principal de angustia en los seres humanos. Al sentirnos apartados, nos encontramos también incomunicados, indefensos e incapaces de entender el mundo que nos rodea. Este es el estado de ánimo que invade a la mayor parte de las parejas rotas. Pero esto no es todo, porque el proceso de separación o divorcio engendra, además, profundos sentimientos de fracaso, culpabilidad y odio.

A pesar de la extendida liberalización de las rupturas legales, muchos hombres y mujeres separados se ven a sí mismos diferentes del resto de las personas, sensación con la que viene emparejada la agonía de la soledad. La anticipación de estos sentimientos de extrañamiento de los demás y de exclusión llega a ser tan intensa y aterradora —sobre todo en aquellos sectores de la sociedad donde no se acepta la disolución del matrimonio— que a veces fuerza a muchas parejas a continuar con una relación profundamente infeliz a fin de evitar sentirse diferentes, discriminados o estigmatizados.

A lo largo de la Historia y en todas las culturas, mitos, leyendas, poesías y cuentos han difundido la creencia de que el rechazo por parte de la persona amada o la pérdida de un ser querido pueden causar la locura o incluso la muerte. De hecho, estudios recientes han demostrado que, entre las numerosas crisis o acontecimientos traumáticos de la vida, la ruptura del matrimonio ocupa el segundo lugar en la lista de las causas de mayor sufrimiento y estrés. Solo la muerte del compañero en una pareja duradera y feliz es superior en tormento y en dolor a la ruptura. Precisamente, el divorcio y la muerte de un ser querido son sucesos muy similares en los efectos traumáticos que ejercen sobre los seres humanos. Ambas tragedias tienen muchos ingredientes comunes. Por ejemplo, como sucede con la muerte de un ser querido, una parte importante de la intensa angustia que genera el divorcio se debe al sentimiento de pérdida que ocasiona, incluso entre quienes deciden separarse de mutuo acuerdo.

Al romperse la pareja, tanto el que se va como el que se queda sufren una profunda desilusión, una enorme decepción con ellos mismos. Quienes se encuentran engañados por el cónyuge no pueden remediar sentirse, además, burlados, estafados y humillados por el mundo entero, por la vida.

Las parejas rotas tienen una mayor predisposición a sufrir enfermedades físicas y mentales: hipertensión, úlcera de estómago, colitis, ataques de corazón, ansiedad y, sobre todo, depresión. Sin embargo, todavía no está muy claro si todas estas aflicciones son el resultado directo de la ruptura o ya estaban presentes con anterioridad. La depresión es un buen ejemplo de una dolencia que, cuando afecta a uno de los cónyuges durante un período largo de tiempo, puede contribuir a la disolución de la pareja, mientras que, por otro lado, también es frecuentemente consecuencia de la separación.

Como ya indiqué en el capítulo sobre la erosión del amor, las depresiones crónicas suelen poner en aprietos la relación de pareja. La persona profundamente deprimida pierde la capacidad para disfrutar del mundo circundante, incluyendo al compañero, carece de la concentración, la energía y el entusiasmo necesarios para compartir, dar o recibir cariño, y tiende a encerrarse en sí misma. Por su parte, el cónyuge del deprimido se siente rechazado e ignorado, aparte de incapaz de cambiar la situación. Sin embargo, la otra cara de la moneda muestra que la ruptura, en sí, produce a menudo estados depresivos. La pareja se siente culpable, fracasada, incapaz de arreglar las cosas o de cambiar el rumbo de sus vidas. Algunos de estos hombres y mujeres, en su desesperación, llegan a acariciar ideas y fantasías de suicidio, aunque tales deseos suelen reflejar odio hacia sí mismos más que proyectos concretos de autodestrucción.

Es tal la complejidad de las relaciones en proceso de separación que muchas veces la cuestión de quién fue el primero en iniciar la ruptura resulta casi imposible de esclarecer. Las circunstancias que rodean la crisis están tan cargadas de emoción, son tan intensas y subjetivas, que casi siempre enturbian este punto. El caos emocional que se produce explica cómo en la mayoría de las rupturas la pregunta de quién fue el responsable sea más bien académica. Pero en cualquier caso, a la hora de separarse casi siempre unos se definen como los que se marchan y otros como los abandonados. Las mujeres se consideran en una mayor proporción dentro del grupo de los que se marchan; a este grupo le sigue las parejas que afirman que ambos tomaron la decisión de alejarse, mientras solo una minoría entre los hombres afirma que fueron ellos quienes abandonaron la relación.

Inmediatamente después de la ruptura se aprecian diferencias notables en las emociones que experimentan quienes se van o *dejan* la relación y los que se consideran *dejados* o abandonados. Aunque al poco tiempo, los sentimientos de pesar y la angustia que invade a ambos suelen ser parecidos. Los que iniciaron la separación tienden a sentirse culpables, preocupados y ansiosos por el daño que su partida produjo en quienes prometieron querer de por vida. En muchos casos presienten los reproches y condenas de terceras personas y llegan a pensar que les está bien merecido. Ponen en entredicho su propia capacidad para entablar nuevas relaciones gratificantes, dudan incluso de si serán capaces de comprometerse de nuevo, de mantenerse fieles o de satisfacer exigencias afectivas de intimidad y cariño en el futuro.

Los que se quedan o juzgan que fueron dejados, conscientes del doloroso y humillante rechazo del que han sido objeto, sienten rencor, piensan que no tuvieron la oportunidad de desquitarse, de vengarse de la afrenta y se consideran traicionados, engañados, usados. Estos sentimientos van dirigidos sobre todo a la persona que, según ellos, unilateralmente les impuso la dolorosa separación, pero en muchos casos se generalizan a su entorno social o al mundo entero. A menudo experimentan la sensación de que los amigos, los compañeros de trabajo o incluso los vecinos les han perdido el respeto. Y lo que es peor, llegan a perder el respeto por ellos mismos. Además de dudar de su capacidad de confiar o de volver a querer a alguien en el futuro, aceptan las acusaciones y reproches que durante la ruptura les hizo su pareja, y terminan por buscar el aislamiento y la soledad.

Durante el trance de la separación, la intimidad amorosa, el apoyo o el cariño de otra persona suelen proveer de una cierta seguridad o tranquilidad, aliviar el miedo al futuro y los sentimientos de inferioridad. Pero no se debe exagerar el valor de estas relaciones *de transición* puesto que, a la larga, la mayoría no sirven para reducir el dolor y la angustia que siempre acompañan a la disolución del matrimonio. De hecho, muchas de estas uniones acaban siendo otra fuente de tensiones y problemas y terminan pronto y mal. La creencia popular de que si uno se cae de un caballo debe volver a montarlo inmediatamente para no desarrollar una fobia permanente a los animales, no se aplica a las rupturas de pareja. Después de la separación, las personas necesitan, más que nada, entender qué fue lo que falló en su relación y encontrar su explicación personal de lo sucedido para así poder contemplar de nuevo su vida en perspectiva. Como ante la muerte de un ser querido, las parejas que se rompen deberán pasar por un período de duelo antes de sentirse liberadas y abordar otras relaciones con posibilidades de éxito.

A continuación de la ruptura, tanto el hombre como la mujer atraviesan un período durante el cual se sienten terriblemente angustiados. Se quejan de no poder dormir, de haber perdido el apetito, de ser incapaces de concentrarse en el trabajo, o incluso de llorar a menudo sin razón aparente. En algunos casos, recurren al alcohol, a las drogas o a los tranquilizantes para apaciguar el dolor y ausentarse emocionalmente. Aparte de este sufrimiento, pronto se verán obligados a enfrentarse con problemas de toda índole.

Las parejas rotas tienen que enfrentarse con una gran serie de retos tan prácticos como reales, para los que muchas de ellas no se encuentran bien preparadas. Para empezar, la nueva situación económica suele ser peor que la anterior. En muchos casos, además, está el cuidado de los hijos. Para quienes disfrutan de una posición holgada o cuentan con la ayuda de familiares o amigos, los obstáculos serán algo menores. De todas formas, lo normal es que durante el trance de la separación o del divorcio se necesiten muchos recursos, tanto personales como sociales y económicos. Por ejemplo, a menudo hay que mantener dos viviendas, comprar muebles nuevos, quizá otro coche. Por otro lado, están los gastos relacionados con los abogados y, en ciertos casos, los servicios del psicoterapeuta o el consejero matrimonial. Para quienes ya atravesaban dificultades económicas antes de la separación, la ruptura supone frecuentemente un verdadero desastre.

Las parejas con niños deberán afrontar también el impacto que la crisis causa en los pequeños. En los primeros momentos, los hijos experimentan problemas de diverso orden que, si bien en muchos casos son pasajeros, asustan y preocupan seriamente a los padres. Hay criaturas que sufren un retroceso en su desarrollo normal, se muestran ansiosos, vuelven a orinarse en la cama, dejan de comer, o tienen problemas de aprendizaje o de conducta en el colegio. Otros se tornan introvertidos, se apagan y se deprimen. Para los adolescentes la ruptura de los padres representa un choque emocional, pero también una injusticia, un agravio, por lo que su reacción suele ser de rabia e indignación.

Las consecuencias de la ruptura se han considerado históricamente más gravosas para la mujer. Sin duda, este resultado ha sido cierto hasta hace pocos años, ya que las mujeres que optaban por la separación bajaban considerablemente de posición social o perdían por completo su seguridad económica. Aún peor, a menudo la sociedad las marginaba o las trataba como seres sin identidad propia, definiéndolas como *mujeres sin marido,* o solo en función de sus relaciones con los hombres. Ser viuda implicaba más respeto y consideración que estar separada o divorciada, estado que muchos hombres y mujeres solían asociar con connotaciones frívolas. Afortunadamente, en los últimos años la situación de las mujeres separadas o divorciadas ha avanzado significativamente gracias a la mayor autonomía e igualdad de la mujer. Sin duda, ha cambiado mucho la percepción tan injusta como gratuita de la mujer separada, y hoy día son muchas las divorciadas que mantienen una imagen muy positiva de ellas mismas, se sienten tan seguras como los hombres, y son capaces de disfrutar una vida plena y gratificante.

Entre los nuevos separados, las sorpresas, las situaciones novedosas y los sentimientos inesperados no tienen fin. ¿Quién les iba a decir, por ejemplo, que la soledad sería tan dura como la compañía del cónyuge, por muy hostil o despegada que esta fuera? La parte que se queda con los hijos sufre este mismo sentimiento de aislamiento porque, en el fondo, la soledad está dentro de ellos mismos. Es darse cuenta de que la relación se acabó, de que el compañero se fue para no volver. Es sentirse desposeídos y desconectados del mundo, de ese mundo que conocían y al que pertenecían.

Por fin, llega el día que quienes han decidido romper no tienen más remedio que comunicárselo a los demás. Sin embargo, nadie ha prescrito ni definido la forma socialmente aceptable de hacerlo, por lo que la mayoría de las parejas se encuentran en una situación incierta, análoga a la de tener que comunicar a otra persona una terrible noticia, como la muerte de un amigo. Al recibir la nueva, la gente reacciona con sorpresa, con preocupación y, no pocas veces, también con curiosidad. Para quien lo cuenta resulta una tarea difícil, un tanto vergonzante y, desde luego, incómoda. Ante estas circunstancias se intenta agotar las explicaciones, las excusas, repartir la culpa y, sobre todo, buscar comprensión y apoyo.

Por otra parte, si se opta por no informar a nadie de lo ocurrido, se produce el temor de causar sentimientos de exclusión o de sospecha entre los conocidos y amigos, lo que, a su vez, podría aumentar su desaprobación y resentimiento.

Algunas parejas rotas experimentan una sensación de intensa felicidad y de libertad inmediatamente después de separarse. Dicen sentirse libres, con energía y con mayores arrestos para enfrentarse a la nueva vida. Contemplan el futuro como una aventura, un desafío apasionante, un reto del destino. Se les ve más animados y sociables, con más entusiasmo que nunca. Cuando uno les pregunta acerca de lo sucedido, insisten en que la ruptura ha sido una bendición del cielo, la mejor decisión de su vida. Lo único que añoran es no haber dado el paso mucho antes. En gran medida estas emociones liberadoras responden al alivio que muchos experimentan tras poner término al amargo proceso de la separación o del divorcio, a los largos meses o años de dudas, conflictos, desavenencias y sufrimientos.

Otras parejas, que se separan tras años de soñar con alcanzar la libertad e independencia en sus vidas, se sienten, por fin, totalmente liberadas de la prisión del matrimonio. Estos sentimientos de autonomía y desahogo suelen ser muy frecuentes en las mujeres, especialmente entre aquellas amas de casa que tras romper emprenden una carrera o deciden trabajar fuera del hogar. Si tienen éxito y lo consiguen, la intensa gratificación que experimentan proviene de la libertad que han adquirido, de no tener que depender más de un hombre, ni de nadie.

Tras la separación se suele generar una especie de renacimiento de la sexualidad, lo que contribuye a crear sentimientos de euforia o bienestar. La liberación de las ataduras de la pareja estimula en muchos hombres y mujeres la necesidad de socializar, de relacionarse con otros y de experimentar aventuras románticas o sexuales. Sin embargo, estas relaciones suelen ser impulsivas, breves y de poco calado afectivo.

Los sentimientos de dicha, euforia y optimismo que se producen entre las recientes parejas rotas son más bien frágiles y pasajeros. Casi siempre se desmoronan con un pequeño rechazo por parte de un amigo, una leve contrariedad o un simple contratiempo en el trabajo. Tarde o temprano, por una causa o por otra, la bonanza de los primeros momentos se torna en angustia, tristeza, soledad y miedo.

Una de las características más comunes de los nuevos separados es precisamente este cambio repentino de estado de ánimo. De hecho, ellos mismos describen cómo en medio de una depresión, de súbito y sin ningún motivo aparente, se sienten invadidos por el entusiasmo y la alegría. En breves segundos, basta la melodía de una canción, la mirada casual a una fotografía o el hallazgo accidental de un objeto olvidado, para que les vuelva a asaltar la tristeza, las piernas les tiemblen, el estómago se haga un nudo y las lágrimas comiencen a brotar.

Lo peor de estos cambios repentinos de talante es que aumentan el grado de desorientación e incertidumbre. Para empezar, estas parejas rotas no saben la mayor parte de las veces cómo deben sentirse después de la separación. Por lo general, sabemos cómo reaccionar en un funeral o en una boda, pero nadie nos ha instruido sobre cómo debemos sentirnos tras un divorcio, con las innumerables dudas y conflictos que provoca esta situación. Hay que tener presente que aunque la ruptura de la pareja haga daño, también es cierto que es un acto restaurador, porque implica la solución de un problema doloroso, un desenlace que en muchos casos es creativo y da lugar a nuevas esperanzas.

En cualquier caso, es evidente que el sentimiento que predomina entre las parejas rotas es el rencor. A veces, el odio es tan abrumador que ellos mismos llegan a preguntarse si están en su sano juicio. Entre los más inhibidos, esos hombres y mujeres, que o no son totalmente conscientes de su cólera o son incapaces de expresarla, son frecuentes los trastornos físicos, especialmente la hipertensión, las úlceras de estómago o los dolores de cabeza, y las pesadillas violentas. Porque estas personas reprimidas a menudo experimentan vívidamente el resentimiento o la necesidad de revancha en los sueños. En ocasiones vuelven su ira contra sí mismos y se autocastigan, se deprimen, sufren accidentes y hasta abrigan fantasías de suicidio. Hay también quienes enloquecen, van más allá de las fantasías o de las palabras, y cometen actos brutales de agresión contra la pareja que fue, para seguidamente espantarse de lo que han hecho. Nunca se pudieron imaginar que serían capaces de tales extremos.

Sin duda, las parejas más desafortunadas son aquellas que, abrumadas y confundidas, son incapaces de enfrentarse a su problema y se sienten paralizadas para tomar cualquier decisión. Son aquellos hombres y mujeres totalmente ineptos para comunicarse entre ellos, con los hijos o con terceras personas. Algunos acaban obsesionados con llevar a cabo la venganza salvaje y se hunden en el abismo del odio y del revanchismo. Los hay también que optan por raptar a los hijos, desapareciendo con ellos. A la larga, estas conductas impulsivas provocan más dolor, tanto en ellos como en las criaturas. Porque hasta que no se enfrenten con los múltiples desafíos de la ruptura y traten de superarlos racionalmente, no les será posible conseguir un mínimo de alivio y de estabilidad emocional.

Ciertas parejas, además de atentar físicamente contra el compañero y sus propiedades, planean con todo cuidado la destrucción de la parte más vulnerable de su adversario: la reputación. Se lanzan a relatar a diestro y siniestro las historias y detalles más íntimos y personales de su antiguo consorte, exagerando los defectos o los aspectos que consideran más humillantes. Quienes escuchan, sorprendidos, casi nunca se atreven a confirmar los hechos, pero nunca los olvidan. El motivo aparente de este comportamiento suele ser la revancha, pero, en el fondo, se trata de la amargura que acompaña al desgarramiento de los lazos que les unían.

La otra cara de esta moneda son los recuerdos gratos y entrañables del pasado, evocaciones que las parejas rotas utilizan a menudo para atormentarse. De hecho, las fantasías de reconciliación son muy frecuentes. Algunos, incluso, anhelan estar juntos o hacer el amor. Entre lágrimas se escriben largas cartas que no se enviarán nunca. Estas emociones pueden llegar a ser tan intensas y conflictivas que no es raro que las parejas rotas se citen de nuevo y vuelvan a verse en situaciones cargadas de seducción, para después avergonzarse por haber actuado tan impulsivamente.

Existen parejas que intentan de hecho la reconciliación, para a los pocos días o semanas convencerse finalmente de que tales proyectos de reparación no son más que una nueva prueba de que la vieja relación no tiene cura. En ciertos estudios se ofrece una cifra de hasta un 50 por 100 de parejas divorciadas que en algún momento piensan seriamente en la posibilidad de reconciliarse. Por lo general, la tentativa es breve y no dura más que escasos días. En la mayoría, los sentimientos positivos residuales languidecen durante los primeros meses que siguen a la separación oficial. Las razones son evidentes: el irremediable rencor, las complicaciones legales y, sobre todo, el dolor inherente a la ruptura. En otros casos la desaparición de las cenizas de añoranza es también el resultado de la nueva vida o del establecimiento de nuevas relaciones. En definitiva, el sufrimiento que implica el proceso de ruptura en la pareja cumple siempre un objetivo: ayudar a cortar las ataduras de la vieja unión.

Hay autores que han comparado la ruptura con una guerra civil que estalla en un país tan dividido ideológicamente que se desgarra en dos bandos enemigos. Pero a diferencia de lo que suele ocurrir en las guerras, en el proceso de separación o divorcio la paz no se negocia durante una tregua, sino en el curso de la batalla más sangrienta, en la ofensiva final. Y es que, desafortunadamente, las leyes que regulan la ruptura en muchas sociedades fomentan tales contiendas y hacen posible que los cónyuges se torturen mutuamente con todo tipo de humillaciones, chantajes, amenazas y castigos. Ante estas circunstancias, todo el que quiere aprovecharse de alguna situación, lo hace, mientras el que desea vengarse, lo consigue igualmente.

Resulta verdaderamente increíble, incluso para los profesionales acostumbrados a trabajar con parejas en crisis, el grado de crueldad que los cónyuges en proceso de ruptura están dispuestos a utilizar el uno contra el otro. Tal vez la única excepción sean las parejas muy jóvenes, sin hijos ni propiedades, que rompen al poco tiempo de haberse casado, escapan de la tortura del proceso legal y concluyen su relación de una forma rápida y relativamente pacífica.

Es preciso mencionar aquí el impacto de las obligaciones y responsabilidades que contraen las parejas después de su separación, exigencias derivadas de los compromisos legales para el mantenimiento de los hijos, los derechos de visita a los pequeños o la pensión otorgada al ex cónyuge. A veces estas ataduras duran años, y en ciertos casos son vitalicias. Es típico, por ejemplo, el caso del hombre que, aunque nunca ve a la mujer que fue su compañera, se siente encolerizado y humillado cada vez que extiende el cheque para cubrir la pensión fijada por el juez. Igualmente, existen mujeres que se gratifican o se sienten vengadas al recibir esta pensión, mientras que muchas otras se enfurecen o se sienten estafadas por lo exiguo de la cantidad. Tampoco es extraño el caso de los hombres que se vengan de las mujeres retrasando deliberadamente el envío del cheque o mandando una cantidad menor de la estipulada bien por el juez o de mutuo acuerdo.

Aparte del dinero, el mayor instrumento de venganza al alcance de las parejas que se separan son los hijos. Aunque la mayoría de los padres en principio están de acuerdo en que no se debe usar a los hijos como arma, lo cierto es que, unos conscientemente y otros sin darse cuenta, los utilizan. Unas veces se trata de presionar al otro con el fin de conseguir algo, otras la intención es castigarle o hacerle sentirse culpable por el incumplimiento de sus obligaciones monetarias, negándole el derecho de visita a las criaturas hasta recibir el dinero acordado. Una de las formas más destructivas y perjudiciales de manipulación de los niños en estas peleas posmaritales es usarlos como confidentes o mensajeros para dibujar a la ex pareja como un mal padre o una mala madre, o acusarla de ser responsable del fracaso de la relación, el motivo de la desintegración del hogar.

El resentimiento entre los divorciados suele tardar años en desaparecer. Se ha dicho que, con excepción de unas pocas que se odian profundamente para siempre, la mayoría de las parejas rotas estarían dispuestas a ayudarse en caso de emergencia. La verdad es que, después de un tiempo, casi todas logran reconstruir sus vidas independientes y satisfacer sus necesidades emocionales a través de nuevas relaciones. Al mismo tiempo, van perdiendo el deseo de participar en la vida de sus ex cónyuges y llegan a conseguir un distanciamiento, a medida que el fuego del odio se debilita, dejando quizá solo unas cenizas remanentes de rencor. Finalmente, llega el día en el que quienes logran llenar el vacío que dejó la ruptura no miran más a sus antiguos compañeros, ni como amigos ni como enemigos, reconfiguran su existencia con

otras uniones genuinas y afectivas y se sienten de nuevo gratificados por la vida.

En cuanto a los residuos sentimentales, por mucho que se
borren, siempre dejan una marca diferente a los de cualquier
otra relación. Bien sea por sus raíces profundamente ancladas
en el pasado, bien por las heridas inolvidables que se infligie-
ron, o bien por los momentos románticos y de felicidad que
un día disfrutaron, algún poso siempre queda, una mezcla de
suspicacia y de recelo, en definitiva, una amarga añoranza.

Tarde o temprano, a medida que tratan de adaptarse a su
nueva condición, las parejas que rompen intentan buscar sus
explicaciones y racionalizar lo ocurrido. En este proceso,
unos acusan al cónyuge, otros se condenan a sí mismos y algunos culpan a circunstancias irremediables. Pero todos, sin excepción, se construyen poco a poco su propio argumento, su
explicación, una historia subjetiva sobre el matrimonio, sus
conflictos, sus fallos, sus luchas y su fracaso final. Tanto si la
historia se ajusta a los hechos como si se trata de meras impre-
siones o de excusas, este proceso explicativo es indispensable
para poder superar los sentimientos de duda, culpabilidad y
rencor.

# 10
## LOS TESTIGOS MÁS CERCANOS: LOS HIJOS

Al espectador le acomete una desolación y un desespero como solo se encuentra en una tragedia fatalista, en tanto que la niña, en realidad, apenas notaría diferencia alguna respecto a la época anterior; se había acostumbrado ya, sin duda, a que solo se ocupara de ella su padre o su madre, lo que le haría afirmar más tarde, de una vez por todas: «Lo que importa es que uno de vosotros esté aquí».

PETER HANDKE, *Historia de niños,* 1981.

Sigmund Freud señaló en una ocasión que es casi imposible ejercer correctamente la profesión de padres, incluso bajo las mejores circunstancias. No cabe la menor duda de que tal opinión se hace incuestionable si la trasladamos a la profesión de progenitores separados o divorciados.

Si bien cada día son más las personas que consideran una aberración el matrimonio desgraciado, y contemplan el logro de la realización y la felicidad como algo moralmente superior a la preservación de una mala relación, hoy estas mismas personas también aceptan con convencimiento la idea de que es preciso proteger y cuidar por encima de todo el desarrollo saludable y el bienestar de los hijos. Para muchos padres que se sienten desgraciados con su pareja, este dilema es realmente angustioso, ya que, por un lado, la decisión de romper no se presenta nada clara desde un principio, mientras que, por otro, son conscientes de que la separación, al menos a corto plazo, supondrá un trauma y hará sufrir intensamente a los hijos.

La vieja noción de que las parejas mal avenidas o desgraciadas deben continuar unidas por el bien de los hijos, está dando paso al nuevo concepto de que los matrimonios profundamente infelices y sin esperanza de arreglo deberían terminarse precisamente para poder salvar, entre otras cosas, el bienestar de los hijos. Una pareja conflictiva y crónicamente desdichada hace sufrir tanto a los adultos que la integran como a sus hijos. Por el contrario, una ruptura que permite hacer más dichosos a los padres acabará beneficiando también a los pequeños.

La mayoría de los matrimonios que se rompen tienen hijos. En el caso de Estados Unidos, en un 65 por 100 de los hogares que se deshacen hay niños. En este país actualmente existen millones de criaturas que, a causa de la separación o del divorcio, viven solo con uno de los padres, generalmente la madre. La familia típica de padres separados o divorciados se compone de una madre con dos o tres hijos viviendo juntos en una casa, mientras el padre vive por su cuenta en otro domicilio.

El cónyuge que se queda con los niños se verá forzado a aceptar en solitario un sinfín de enormes responsabilidades. La carga, sin embargo, no es mucho menos pesada para quien tiene que pagar los gastos de los pequeños, pero deberá privarse del consuelo de disfrutarlos. Y en cuanto a los pequeños, además de vivir dentro de un hogar diferente e incompleto, suelen sufrir una merma en el nivel de vida y, por algún tiempo al menos, una serie de penosos sentimientos, entre los que se encuentran el desconcierto, la inseguridad y el miedo.

La experiencia de la ruptura es diferente para los padres y para los hijos. Los problemas de los pequeños no son simplemente un reflejo de los problemas de la pareja, como si los niños no tuvieran sus propias reacciones independientes de las de los adultos. Pocos niños esperan verdaderamente que sus padres se separen. De hecho, nunca se preparan para este trance, y cuando se les informa que la separación es inmediata, muchos, abrumados, rehúsan creérselo. Por otra parte, los pequeños pierden, al menos temporalmente, la estructura familiar, el andamiaje que sirve de apoyo físico y emocional para su desarrollo. Sobre todo, como ya señalé en el prólogo de este libro, los niños, excepto cuando han sido víctimas de abuso físico o de abandono, no suelen percibir la ruptura como una segunda oportunidad, algunos sienten que su infancia se ha perdido para siempre, y esto es parte de su sufrimiento. Sin embargo, en la mayoría de los casos, la separación de los padres también otorga a los hijos nuevas oportunidades. Existe amplia evidencia que demuestra que una pareja sacudida por continuas hostilidades y conflictos daña gravemente a los niños, por lo que los pequeños se benefician de su disolución.

Para los niños de más edad o los adolescentes no suele resultar una sorpresa la noticia de que sus padres han decidido separarse. Las frecuentes querellas, los altercados constantes, las amargas discusiones, las amenazas repetidas de ruptura y, en algunos casos, hasta las peleas con violencia física que han presenciado les han hecho pensar, o incluso desear, la separación definitiva de sus progenitores. No obstante, para los más pequeños la noticia suele suponer un golpe totalmente inesperado, y su inmediata reacción es el choque, el miedo y la inseguridad. Entre este segundo grupo se encuentran los pequeños que, debido al disimulo y al afán de protección de los padres, nunca supieron de sus graves desavenencias y ahora se enteran de repente, y sin aviso, de la ruptura de sus seres más queridos.

Es verdad que los hijos de padres separados o divorciados tienen más problemas en su desarrollo que los que crecen y se educan en familias intactas, junto a padres dichosos. Pero esta comparación no viene al caso y es claramente irrelevante, ya que los hijos de padres separados, en principio, no contaron con un hogar feliz. La pregunta correcta que cabría hacerse es si un matrimonio desdichado y mal avenido hace más o menos daño a sus hijos permaneciendo juntos o separándose. Hoy sabemos que las tensiones, batallas y discordias constantes en el hogar, por un lado, y la continua presencia de la desdicha y amargura de los padres, por otro, son más perniciosas para los hijos que el mismo trauma de la ruptura.

Estudios recientes sobre los efectos de la separación y el divorcio en los niños indican que, cinco años más tarde, aproximadamente el 37 por 100 de las criaturas manifiestan síntomas de depresión, problemas de aprendizaje o trastornos del comportamiento, asociados con la ruptura, aunque la causa del daño no es tanto la separación en sí como las circunstancias que la precedieron, las vicisitudes que la acompañaron o los problemas que se sucedieron.

De hecho, el primer estudio a gran escala sobre los efectos del divorcio publicado en 1991, que incluyó 17.000 familias inglesas evaluadas a lo largo de varios años antes de que la relación comenzara a deteriorarse, demostró que la mayoría de estos problemas emocionales que manifiestan los niños después de la separación de sus padres son ya evidentes antes de la ruptura. Los resultados, además, indican que mantenerse juntos por el bien de los hijos no es beneficioso en una pareja cargada de conflictos.

Las reacciones de los niños varían mucho, según la idea que se hayan formado sobre la relación entre los padres o del comportamiento de estos. La respuesta también depende de su temperamento, de su edad y de la red de apoyo familiar con que cuenten. Por lo general, aunque las criaturas no se den cuenta de la ruptura, sufren la ausencia del padre que se marcha del hogar y, aun sin entender por qué, experimentan una sensación de abandono y confusión. Los adolescentes tienden a reaccionar, además, con rabia e irritación ante el hecho de que sus padres no sean capaces de resolver sus divergencias, o no practiquen aquellos principios que tanto predicaban.

La respuesta de los hijos afecta inevitablemente a los padres. Es verdaderamente demoledor para un padre o una madre ver el profundo sufrimiento de los hijos y, más aún, convertirse en el objeto directo de su ira. Pero también es altamente tonificante para los progenitores ver que sus hijos superan las adversidades de la crisis, salen finalmente a flote más maduros y seguros de sí mismos.

Por lo general, la reacción inmediata más común entre los niños suele ser de miedo y angustia, incluso cuando el ambiente del hogar fue tenso y estuvo sembrado de batallas durante mucho tiempo. Hay casos, sin embargo, de signo muy diferente, cuando, por ejemplo, las criaturas fueron objeto de abusos y maltratadas física y emocionalmente con tal crueldad por el padre que se ausenta que sienten un claro alivio al verle marchar. A pesar de todo, la gran mayoría de los pequeños expresa genuinamente la ilusión de que sus padres lleguen a reconciliarse. De hecho, a menudo tratan ellos mismos de intervenir en la disputa, haciendo de intermediarios o planeando todo tipo de estratagemas para que vuelvan a hablarse o a verse. Casi todos, durante años, tienen fantasías y sueñan con la reconciliación de sus padres. No son pocos los niños que nunca abandonan la idea de que algún día sus progenitores volverán a estar juntos.

Según su temperamento, hay niños que expresan fácilmente sus inseguridades y temores, e incluso exigen a los padres una explicación sobre lo ocurrido. Preguntan dónde y con quién van a vivir, si todos sus hermanos permanecerán juntos o cuándo podrán ver de nuevo al padre o a la madre que se marcha del hogar. Aunque se sientan abrumados y no estén conformes con la ruptura, la mayoría de los hijos acepta las decisiones que adoptan sus mayores sobre quién se queda a cargo del hogar y de ellos, y quién se marcha de la casa. En un principio, casi todos los hijos evitan tomar partido por uno de sus padres.

La adaptación a la nueva situación familiar suele ocurrir en relativamente corto espacio de tiempo, sobre todo si se sienten seguros y queridos, y observan que sus padres se muestran serenos y son capaces de acometer las dificultades y de enfrentarse con optimismo a las nuevas circunstancias. El ajuste es mejor aún si los padres mantienen la comunicación, siguen relacionándose y suprimen las luchas constantes entre ellos.

De todas formas, no podemos subestimar el trauma de la ruptura de la pareja sobre los hijos. Los síntomas del sufrimiento son generales: los más pequeños se ponen tristes, pierden el apetito, se vuelven hiperactivos, tienen pesadillas o empiezan a encontrar tropiezos en el colegio. Los adolescentes a menudo ofrecen muestras de estar abiertamente resentidos contra el padre o la madre, a quien juzgan como verdadero responsable de su tragedia. Es ciertamente penoso ver a los padres ser objeto de la ira de sus hijos, y más todavía si se trata del progenitor que se encarga de la custodia, pues debe sufrir esta actitud día tras día.

Muchos padres se preocupan por el impacto psicológico que pueda tener la separación sobre el hijo varón que se cría con la madre. Piensan que al no estar ellos presentes, su hijo no será capaz de desarrollar su identidad masculina, tendrá un carácter pasivo o afeminado, y de mayor no sabrá relacionarse con las mujeres o se verá imposibilitado para cumplir bien sus funciones de padre o marido. Este temor, quizá alimentado por las infundadas hipótesis de los años cincuenta sobre la relación entre la ausencia del padre en el hogar y el origen de la homosexualidad en el varón, no tiene fundamento. Los niños —y las niñas— aprenden su papel social y lo que la sociedad espera de ellos de múltiples fuentes y modelos y no es necesario que haya un hombre en casa para que desarrollen una identidad y personalidad sanas.

En cuanto a las niñas que crecen solas con su madre, tampoco existe evidencia alguna de que tal situación degenere en problemas de identidad o en sus relaciones afectivas futuras. Lo único que algunos estudios al respecto han observado en ciertos casos aislados es que estas hijas únicas, forzadas a vivir solo con la madre, tienden a buscar con más intensidad el afecto y la aprobación masculinos cuando llegan a la adolescencia.

Todo esto no es óbice para que muchos padres se preocupen seriamente por los efectos que la ruptura pueda tener sobre sus hijos y por el estado en que quedarán las relaciones con ellos. Otros temores son, por ejemplo, que lleguen a dudar de su cariño o que les culpen y se resientan para siempre por la ruptura. Es frecuente, además, que el padre ausente tema perder el contacto con los pequeños o que estos se olviden de él o le rechacen.

En cuanto a la eventualidad de daños permanentes como consecuencia de la ruptura, hoy no existe evidencia para asumir que estos pequeños tienen más problemas cuando son mayores que los hijos de padres, igualmente desavenidos, que no se separan. Si bien la separación o el divorcio perturba temporalmente la seguridad y el bienestar de los niños, la vida en un hogar monoparental, con uno de los padres, en una situación funcional estable, posibilita perfectamente su desarrollo normal. Como ya he señalado, los pequeños que parecen haber sido dañados por la crisis, cuando son examinados detalladamente, revelan casi siempre que sus problemas eran anteriores.

Hasta hace poco tiempo la práctica normal era otorgar a la madre la custodia de los hijos, excepto en los casos en que padecía una grave enfermedad mental o fuese considerada moralmente indeseable. Aunque esta costumbre está cambiando, todavía es frecuente que las parejas, sus respectivos abogados y los jueces den por hecho que la madre se hará cargo de los hijos. Para muchos hombres este supuesto es un alivio; para otros tal perspectiva es arbitraria y supone una injusticia, un golpe, un insulto adicional. Pero también se da el caso de mujeres que, aunque están contentas asumiendo la responsabilidad de los hijos, consideran injusto tener que hacerse cargo en solitario del enorme peso que supone criarlos y educarlos durante años.

Inmediatamente después de la separación, muchas mujeres se alegran de tener a los hijos a su lado. Al estar inmersas en el desconcierto y la confusión de los primeros momentos de la ruptura, los pequeños se convierten en un aliciente que da sentido a sus vidas, las obliga a organizarse, las mantiene ocupadas y las hace sentirse queridas y necesarias. Pero pronto estas actitudes, en un principio tan gratificantes y positivas, derivan en un cúmulo de dudas, pues a pesar de que los hijos siempre ocuparán un lugar prioritario, las relaciones con ellos no llenan plenamente sus vidas, ni son suficientes para justificar una dedicación total. Pronto se dan cuenta de que convivir con los hijos no les evita sentirse solas. Además, por lo mismo que la relación con ellos se torna tan importante, también los disgustos preocupan, duelen y deprimen más. En definitiva, no son pocas las mujeres que se resienten intensamente de su papel de madres solas y llegan incluso a albergar una sensación profundamente amarga de haber sido estafadas por la sociedad.

La realidad es que los desafíos que se plantean ante estas madres solas —aunque cada día se dan más casos de padres— pueden llegar a ser francamente abrumadores. Por muy bien que las cosas funcionen en la casa, la responsabilidad que han asumido es inmensa. Sencillamente, son tantas las decisiones que es preciso resolver, las tareas a las que hacer frente, las tensiones que hay que soportar, que al final no encuentran ni un solo momento para dedicarse a ellas mismas. Resulta extraordinariamente arduo para una madre sola cuidar de los hijos, llevar la casa y trabajar fuera del hogar simultáneamente, y no porque carezca de la capacidad necesaria, sino por lo ingente de la tarea. La mayoría de estas madres, al separarse, no se imaginaron las privaciones que iban a padecer.

Una carga emocional bastante pesada entre estas madres es el sentimiento de culpa que experimentan al pensar que privaron a sus hijos de la dicha de una familia completa. Pero hay otra fuente de angustia aún peor: ver cómo se intensifica su resentimiento hacia los hijos al comprobar que estos se han convertido en un obstáculo que se interpone en su camino hacia la autonomía, la realización y la felicidad. Los niños interfieren a menudo con otra de las metas de la madre separada, la de poder establecer una nueva relación sentimental con un hombre. Para empezar, los pequeños absorben todo el tiempo libre, pero, además, como siguen manteniendo viva la fantasía de que el padre ausente volverá algún día, intentan, consciente o inconscientemente por todos los medios, socavar cualquier posibilidad de que la madre entable otra relación amorosa.

Con la separación o el divorcio también cambian las relaciones entre el padre ausente y los hijos. Han variado las circunstancias para estar juntos y, lógicamente, se alteran asimismo las expectativas de ambos. En definitiva, es como una forma distinta de ser padre. A pesar de la veracidad de las acusaciones que se hicieran en su contra durante el proceso legal de la ruptura, el progenitor desterrado sufre intensamente la falta de los hijos. La verdad es que no todos los padres que salieron del hogar lo hicieron voluntariamente. En realidad, la mayoría de los estudios indican que, independientemente de las circunstancias de la ruptura, en más de la mitad de las separaciones los hombres tuvieron que salir del hogar a la fuerza.

Por otra parte, no todos estos padres ausentes gozan de la libertad que mucha gente se imagina. La mayoría tiene que hacer frente a continuos brotes de inquietud y, sobre todo, a una sensación de total impotencia para poder guiar el futuro de sus hijos. Junto al sentimiento de culpabilidad, sufren irremediablemente un distanciamiento que cada vez se hace más devastador. Pasan los días sin poder presenciar esos pequeños milagros que ocurren en las criaturas: el hijo que da los primeros pasos o aprende a utilizar la cuchara, o a montar en bicicleta, o la hija adolescente que acude a su primera cita o que aprende a conducir. Mientras todos estos acontecimientos tienen lugar, el padre no está en casa para poder participar y gozar de ellos.

Otro foco de preocupación y de desaliento en los padres ausentes es la constatación de lo poco que pueden hacer para proteger a sus hijos de los peligros de cada día. Se sienten inútiles y, al no estar presentes en casa, pierden su identidad de protectores o aprovisionadores de la familia. Porque aunque continúen mandando con regularidad los fondos para el mantenimiento del hogar que abandonaron o del que fueron expulsados, el papel de proveedor se representa únicamente en la casa. Para compensarlo, hay padres que intentan por cualquier medio reforzar su figura de responsable del bienestar familiar, llevan a los hijos a restaurantes caros o les hacen regalos lujosos. No obstante, las visitas más gratificantes son aquellas en las que el padre se siente importante o especial para sus hijos, o se siente aceptado, necesitado y, en definitiva, revalidado como padre.

Aunque las ventajas de ser un progenitor exiliado sean nulas, hay quienes aseguran que ahora se preocupan más del bienestar de sus hijos que cuando vivían con ellos. Otros afirman incluso que durante las visitas regulares, llegan a apreciar mejor algunos de sus propios valores que ahora ven reflejados en los pequeños, o la influencia que ejercen en su manera de pensar. En cualquier caso, al final de cada visita, el momento de la despedida es profundamente penoso, tanto para el padre como para los hijos. Al pensar en el tiempo que habrá de transcurrir hasta la próxima visita, cada despedida se convierte en una auténtica separación. Después de estos encuentros, muchos padres se entristecen, se desmoralizan y se vuelven a sentir culpables por haber contribuido a la ruptura del hogar. También los hijos demuestran su pesar, unas veces con el silencio, otras con lágrimas y en ocasiones expresando abiertamente su rabia contra el padre.

En algunas ocasiones la relación entre el padre ausente y los hijos mejora después de la separación, tal vez a consecuencia de la atención más concentrada o esmerada que prestan los padres en sus contactos con los pequeños. Lo que de verdad cuenta no es la frecuencia de las visitas, sino la calidad de las mismas. Hay padres que, pese a ver a sus hijos con bastante frecuencia, no se sienten tan involucrados en su mundo como otros cuyas visitas ocurren más esporádicamente. En cualquier caso, no cabe duda de que es preferible mantener contactos aislados a no cultivar ningún tipo de relación, aunque las visitas impliquen el dolor regular de las despedidas.

Para los hijos, el padre desterrado seguirá siendo una figura importante, a pesar de las limitaciones de la relación o de la pérdida de muchos de los ingredientes que caracterizan la intimidad y la continuidad del hogar familiar. Como mínimo, el padre es la fuente principal de seguridad, en caso de que algo suceda a la madre. Los padres ausentes pueden estar seguros de que, por mucho tiempo que transcurra desde su salida del hogar, nunca serán olvidados ni contemplados con indiferencia por sus hijos. Y aunque perduren ciertos conflictos o viejos resentimientos entre ellos y la antigua pareja, seguirán siendo queridos y respetados como padres, padres distintos, quizá, pero padres a pesar de todo.

Cuando el padre separado vive con otra mujer, muchas madres se sienten incómodas ante la idea de que los hijos la vean, y más aún si la mujer jugó un papel importante en la ruptura de la pareja. Por un lado, se sienten amenazadas y, por otro, no pueden remediar el verla como manchada, como algo impuro que de alguna forma podría contagiar a los pequeños. Y si el padre se casa con ella, la madre tendrá que resignarse a que los niños la acepten, pero no por ello dejará de sentirlo como otra amarga imposición.

Lo mismo ocurre cuando es la madre quien vive con otro hombre o contrae un segundo matrimonio. Muchos padres se sienten inseguros y amenazados. Temen, por ejemplo, que como resultado de la presencia de un «competidor» en el hogar van a perder influencia sobre sus hijos, o que los hijos van a acercarse al nuevo hombre y se alejarán de ellos. Sin embargo, incluso en aquellos casos en los que la relación entre los niños y el nuevo hombre de la casa llega a ser sólida y entrañable, el tiempo viene a demostrar al padre que su influencia con los hijos cambia muy poco. Los niños distinguen siempre entre su padre y el nuevo cónyuge de la madre.

Cada día se establecen más familias que incluyen padrastros o madrastras. Históricamente, en las sociedades occidentales estas figuras siempre han sido acogidas o representadas de forma negativa. Sin embargo, esta percepción está cambiando a medida que estos modelos de hogares son más comunes y aceptables. De todas formas, en los primeros momentos es frecuente que los niños muestren sentimientos de rechazo, resentimiento o temor hacia los nuevos miembros de la familia, a quienes contemplan como intrusos o usurpadores del puesto tan especial que ocupaba su madre o su padre.

Hay una serie de principios generales que pueden servir de guía a las parejas con hijos que se rompen. Por ejemplo, la conveniencia de aportar la suficiente información a los niños para explicarles la ruptura y la subsiguiente salida del hogar del padre o de la madre. Pocas cosas son peores para un niño que la confusión. Los padres deben ponerse al nivel intelectual y de comprensión de los pequeños, siendo claros, abiertos y honestos con ellos, pues nadie caza un engaño mejor que un niño. La incapacidad de explicar con franqueza y claridad la separación impone sobre las criaturas, aparte de la amarga experiencia de la quiebra del hogar, la carga adicional de tener que averiguar por sí mismos las razones de lo sucedido.

Los niños de corta edad tienden a sentirse tristes, inseguros y temerosos, mientras los mayores, además, se resienten y se indignan al considerar la acción de sus padres irresponsable y egoísta. De todas formas, cualquiera que sea la edad de los hijos, los padres deben ser comprensivos hacia sus preocupaciones y darles todo tipo de aliento, apoyo y, sobre todo, asegurarles que continuarán queriéndoles, protegiéndoles y manteniendo sus obligaciones de padres, aunque vivan separados. Muchos niños se culpan a sí mismos por la ruptura y es preciso disipar esta idea. Hay que explicarles que la decisión nada tiene que ver con ellos y darles todo el ánimo posible. Finalmente, es conveniente no alterar su rutina ni su ambiente, mantener a todos los hijos en la misma casa, no cambiarlos de colegio y alentarlos para que sigan frecuentando a sus amigos y familiares.

Como ocurre con sus padres, los niños, en su mayoría, acaban superando con éxito la crisis dolorosa de la separación o el divorcio. También, al igual que los adultos, necesitan elaborar mentalmente su explicación, su propio relato de lo ocurrido. Historia que, para cumplir su función beneficiosa, deberá tener a los padres como protagonistas, puesto que la ruptura de la pareja es, en definitiva, un asunto de padres y no de hijos, aunque los hijos hayan sido los testigos más cercanos.

# 11
## OTROS ACTORES: PADRES, HERMANOS, AMIGOS, ABOGADOS Y JUECES

> Toda ruptura produce fuertes efectos secunda-
> rios que afectan no solo a la pareja envuelta, sino
> a toda la sociedad. Cada divorcio es la muerte de
> una pequeña civilización.
>
> JUDITH S. WALLERSTEIN, *Segundas
> oportunidades,* 1989.

La respuesta de la familia de la pareja que se rompe varía mucho, según la composición o el modelo de hogar, la naturaleza de las relaciones entre sus miembros y los valores culturales y sociales del momento. Pero, en cualquiera de los casos, los padres, hermanos y demás parientes cercanos juegan un papel importante en el proceso de la ruptura. La suposición de que cuando uno se ata emocionalmente lo hace con la persona y no con la familia de esta es literalmente cierta, pero a la hora de producirse la separación muchas veces deja de serlo.

Es común, por ejemplo, que parejas desgraciadas y decididas a romper retrasen su separación simplemente por el miedo a la eventual crítica y rechazo de sus allegados. Con frecuencia, temen que los parientes tomen partido, o que aumenten las tensiones en el ámbito familiar. Después de todo, al igual que ocurre con los fracasos en el trabajo, las enfermedades graves o los trastornos en cualquier otro aspecto importante de la vida, la ruptura también afecta al equilibrio familiar, y puede tener un fuerte impacto en los padres y en los hermanos. A ello se añade el temor a que después de separarse sea preciso volver a vivir con los padres, aunque solo sea temporalmente, y estos caigan en la tentación de tratarles de nuevo como niños. De hecho, para algunos que se ven obligados a volver al domicilio paterno, esta opción, aunque práctica y transitoria, les hará resucitar viejos sentimientos de dependencia y de pérdida de *status* dentro de la familia.

Cuando llega el momento de tener que dar la noticia de la separación a los familiares, muchas parejas se imaginan reacciones de asombro, de cólera o de tristeza. Esperan una lluvia de preguntas, reproches, acusaciones y hasta súplicas para forzarles a la reconciliación. Ante la ruptura, hay padres que se muestran comprensivos y ofrecen su ayuda inmediata e incondicional. Otros, en cambio, se sienten defraudados y, dominados por la ira, recriminan a sus hijos hasta tal punto que dan la impresión de que fueron ellos los sujetos del fracaso. A menudo, los padres se culpan a sí mismos por la crisis de sus hijos. Piensan que cometieron errores durante su educación de pequeños, o que se equivocaron en la forma de tratarlos, o no supieron guiarles o inculcarles los principios de cómo mantener una relación. Algunos padres se avergüenzan y se muestran hundidos ante sus amigos y la sociedad, temen que se les reproche o se les juzgue responsables. Es una realidad que la disolución del matrimonio constituye frecuentemente una experiencia nueva y desconocida para estas familias, por lo que a menudo no saben cómo deben reaccionar, qué deben decir o cómo actuar.

Ciertos padres consideran la separación algo deshonroso y socialmente inaceptable y encuentran una gran dificultad para asumir que tal percance haya podido ocurrir en su familia, especialmente si nunca han vivido de cerca la experiencia. De todas formas, los progenitores —al igual que la pareja o sus hijos— necesitan explicarse y razonar lo sucedido para poder aceptarlo. En cierto sentido, cuando los motivos de la ruptura son evidentes o tangibles, como en el caso de la violencia física, el alcoholismo grave o el abandono del hogar, la decisión suele ser más comprensible y tolerable para los familiares que cuando los cónyuges invocan causas menos obvias o dramáticas, como la incompatibilidad de caracteres o haber evolucionado en direcciones opuestas.

No hay duda de que los padres siempre desean que sus hijos sean felices, pero ante estas razones imprecisas o abstractas algunos no pueden evitar preguntarse: ¿cómo es que mi hijo es capaz de romper el hogar simplemente por diferencias de carácter, o para realizarse y ser más feliz? Para muchos padres estas razones son frívolas, egoístas y representan falta de madurez, de disciplina y de sentido de la responsabilidad. Por otra parte, los padres con hijos que se separan deberán adaptarse a otros cambios, incluyendo los que se producen en las relaciones con la familia política, porque con la ruptura las reglas cambian, lo que suele implicar angustia y desconcierto.

Tras un primer período de desilusión y tensiones, la mayoría de los padres acaban acercándose a los hijos, dándoles su apoyo y protección. Para los hijos separados también es importante conseguir restaurar la confianza de sus mayores, ya que ello les ayudará a recobrar su propia confianza en el futuro.

Los hermanos, al recibir la noticia, suelen manifestar preocupación y solidaridad, aunque en su interior reaccionen en función de cómo hayan sido las relaciones entre ellos. De hecho, a menudo resurgen los sentimientos de rivalidad del pasado, y experimentan una sensación pasajera de triunfo, ya que, a su modo de ver, la ruptura viene a desmentir la vieja opinión de que el hermano en cuestión era siempre el mejor.

Otros hermanos se inquietan por los efectos que la separación pueda tener sobre ellos mismos, se preocupan por el qué dirán sus amistades y la sociedad, temerosos, incluso, de que se llegue a pensar que quizá exista una tendencia familiar a la inestabilidad en las relaciones, una especie de enfermedad contagiosa. De hecho, algunos temen que la separación o el divorcio de un hermano o una hermana pueda estimular un comportamiento similar en otros parientes cuyas relaciones están pasando por momentos difíciles. Por su parte, aquellos que se encuentran en un momento conflictivo con su pareja, se suelen distanciar del hermano separado, quien, sin saberlo, les obliga a pensar en la necesidad de evaluar sus propias relaciones. Pese a todo, tanto padres como hermanos constituyen una fuente muy importante de aliento y apoyo para las parejas rotas, especialmente durante las primeras etapas de la ruptura.

El papel de los amigos también es importante, tanto por el apoyo que pueden ofrecer como por su repulsa. La mayor parte de las parejas que rompen experimentan una intensa necesidad de hablar sobre lo sucedido, aunque, paralelamente, este impulso les sitúe en una posición difícil: la de explicar, justificar, suplicar o echar la culpa. Pese a que muchas veces se sienten aliviadas o liberadas expresando su miedo, su tristeza o su rabia, y compartiendo las frustraciones pasadas, también son conscientes de que están cometiendo un error de indiscreción del que más tarde se arrepentirán. El amigo que presta el oído sufre igualmente al escuchar relatos personales tan íntimos y detallados, se siente incómodo, abrumado y hasta resentido porque cree que está siendo utilizado.

Por lo que respecta a los amigos más cercanos de la pareja, pronto se hace evidente el cambio, ya que estas amistades no tardan en pensar que se les está exigiendo que tomen partido, que se pongan de parte de uno o de otro. Esta demanda les incomoda, por lo que se alejan poco a poco hasta acabar convirtiéndose en seres extraños, por muy íntimos que fueran en el pasado.

La ruptura también origina la pérdida de aquellos amigos con los que un cónyuge había sido el principal nexo de unión. Si bien algunas amistades perduran, a la larga la mayoría de los hombres y mujeres que se separan desconectan de aquella red de amigos y compañeros a la que pertenecían y de la que dependían cuando estaban emparejados. Las consecuencias son importantes, pues el aislamiento social da lugar a sentimientos profundos de soledad, desprestigio y abandono.

Durante algún tiempo, el trabajo va a ser otra fuente de ansiedad para muchos separados. Aunque no parece que sea obligado o apropiado tener que dar excesivos detalles personales sobre la ruptura, tampoco se considera correcto dejar que se siga pensando que uno continúa casado. La separación o el divorcio constituyen eventos sociales tan significativos que no admitirlo podría juzgarse como un engaño.

La seguridad en el trabajo también preocupa enormemente, porque hasta en las sociedades donde la ruptura legal se acepta con normalidad, no deja por ello de contemplarse como un fracaso personal, lo que en ciertos ambientes laborales conservadores se considera un desprestigio, no solo para el individuo, sino también para la empresa. Los propios compañeros de trabajo a menudo reflejan un cambio de actitud hacia los colegas separados. Así, cuando se trata de un hombre, se preguntan si ya ha empezado a disfrutar de los placeres de la soltería, y si se trata de una mujer, no resisten las fantasías libidinosas asumiendo su fácil disposición hacia el sexo.

Con el paso del tiempo, las parejas que se rompen establecen una nueva comunidad de amigos y una vida social en la que se sienten satisfechos. El período de soledad y aislamiento se limita a la transición entre el momento de la ruptura que trastornó su ambiente social y el punto en que comenzaron a sentirse parte del nuevo grupo.

Los abogados son casi siempre actores importantes durante el proceso de la ruptura y, en muchos casos, sus consejos tendrán un gran impacto en la vida de las parejas rotas. Las innumerables cuestiones prácticas que se plantean, que tienen enormes consecuencias para el futuro, hacen necesario contratar un letrado. No obstante, para bastantes parejas la relación con los abogados constituye una experiencia nueva, única e intensa, incluso si han tenido contacto previo con ellos por cuestiones de negocios o de otro tipo. Ahora la situación es muy distinta, se trata de encontrar un defensor en quien confiar la responsabilidad de organizar aspectos fundamentales de sus vidas.

Por ejemplo, a la hora de la ruptura muchas parejas no han alcanzado todavía un arreglo o entendimiento con respecto a la vivienda, el dinero o la custodia de los hijos. La morada es uno de los primeros problemas, al menos para el que se marcha del hogar. Lo más común es que, inmediatamente después de separarse, uno de los cónyuges se mude a casa de algún amigo, con los padres, con un hermano o, incluso, a un hotel. Este paso es casi siempre necesario e inevitable, pero también deprimente y desolador, especialmente para una persona que se acaba de exiliar de su hogar.

En cuanto al dinero, la gran mayoría de las parejas se enfrenta con la ruptura sin haber llegado a un acuerdo. En familias de escasos recursos económicos, cuando no hay forma de alargar un solo sueldo para mantener dos hogares, se dan casos en los que el hombre abandona a la mujer y a los hijos sin

142

llegar a ningún pacto económico. Entre la clase media, los hombres, aun de mala gana, a menudo aceptan asumir la carga de mantener a las criaturas, sobre todo si la madre no tiene un trabajo fuera del hogar. Son raras las ocasiones en las que los cónyuges logran llegar a un arreglo o convenio sobre las cuestiones económicas sin la intervención de un letrado. No obstante, mientras no se resuelva el problema del dinero, la pareja se sentirá aprensiva, temerosa, insegura y llena de suspicacias.

Seguidamente surgen las cuestiones sobre el futuro de los hijos: ¿quién se ocupará de ellos?, ¿quién los mantendrá?, ¿dónde vivirán?, ¿cuáles serán las responsabilidades y derechos de cada padre?, ¿bajo qué circunstancias el padre ausente podrá intervenir en el cuidado de los pequeños?

No cabe duda de que cuantos más acuerdos establezcan entre ellos directamente, al margen de sus respectivos representantes legales, mejor librados saldrán. El sistema legal va a añadir una dimensión totalmente inesperada a la odisea de la ruptura, y con demasiada frecuencia prolonga el sufrimiento de la pareja, ya de por sí dolorida. Por otra parte, las primeras negociaciones mano a mano, aunque beneficiosas, generalmente están más influenciadas por los intensos sentimientos del momento que por las circunstancias prácticas o la necesidad de planificar a largo plazo. Por ejemplo, es frecuente que el cónyuge que decide irse de casa se muestre excesivamente generoso, movido por el sentimiento de culpa, mientras que el que se queda, en la esperanza de lograr una reconciliación, sea poco exigente. Con seguridad, ambos cambiarán de actitud más tarde, cuando se den cuenta de las graves consecuencias de su apresuramiento y, por supuesto, cuando pongan el asunto en manos de sus abogados.

Por lo general, las vicisitudes legales de la ruptura son demasiado largas, ruidosas y traumáticas. En cierta forma, son el reflejo de batallas sangrientas en las que las armas son demandas irracionales, el ataque personal sin pausa y la cruel venganza. A pesar de que en la mayoría de los países las leyes permiten la separación y el divorcio de mutuo acuerdo, sin necesidad de buscar un culpable, lo que reduce las luchas amargas e interminables, resulta verdaderamente sorprendente la intensidad y la violencia de las torturas que muchas parejas están dispuestas a causarse mutuamente. Un par de ejemplos reales dan idea de los extremos a los que pueden llegar los seres humanos en algunos casos.

No hace mucho tiempo, en el estado norteamericano de Nueva Jersey, un hombre que estaba en proceso de divorciarse, al escuchar la sentencia del juez que le ordenaba la división en partes iguales de las propiedades con su mujer, alquiló una enorme sierra y cortó, literalmente, por la mitad toda su casa, incluyendo las paredes, los muros y los muebles. En otro ejemplo también reciente, un hombre inválido en silla de ruedas, igualmente en proceso de divorcio, al escuchar la sentencia del juez condenándole a repartir los enseres del hogar, sufrió un ataque de ira y asesinó a tiros a su mujer, al abogado y al juez. La extrema violencia de estos y otros muchos casos similares refleja el grado de odio, destructividad y ofuscamiento que experimentan algunas parejas rotas.

La pensión para el mantenimiento del ex cónyuge es una de las armas de castigo y venganza más utilizadas con ayuda de los letrados, en particular por algunas mujeres que se sienten maltratadas y defraudadas por sus antiguos compañeros. Se dan casos entre ciertas mujeres que, al tener que asumir por sí solas la responsabilidad de la crianza y educación de los hijos, se sienten profundamente ofendidas por el comportamiento del hombre y juzgan su situación como un abandono o una humillante explotación. Piensan que el hombre se comportó con ellas como un animal salvaje, las sedujo, las acosó y las fecundó para seguidamente desecharlas y desampararlas con los niños y sin ayuda, mientras él recobra la libertad. Hoy, a pesar de la incorporación femenina al mundo del trabajo, todavía hay algunas mujeres que exigen como compensación una pensión vitalicia del consorte de ayer, independientemente de la posición económica que ellas tengan. Sienten genuinamente que el hombre merece ser castigado por su traición: les prometió amor y protección de por vida y ahora, de manera irresponsable, ha incumplido la promesa.

No obstante, cada día son menos frecuentes las asignaciones monetarias como indemnización a la mujer. Este cambio representa en cierta forma un avance positivo hacia la igualdad de los dos sexos. Con todo, hay ocasiones en que es injusto pasar por alto el valor del trabajo de la mujer como ama de casa al frente de los hijos, o ignorar las dificultades lógicas por las que muchas mujeres separadas tienen que pasar para encontrar una ocupación remunerada o para trabajar fuera de casa y educar simultáneamente a los pequeños.

Dada la intensa carga afectiva que impregna a todas estas cuestiones tan prácticas como significativas, no es de extrañar que la relación entre abogados y clientes en proceso de ruptura sea muy delicada y compleja. De hecho, creo que tiene mucho en común con los lazos que se establecen entre psiquiatras o psicoanalistas y pacientes. Se trata de relaciones profesionales fundadas en la confianza, la honestidad, el respeto mutuo, una buena comunicación y, al mismo tiempo, cargadas de emociones.

No existe un modelo ideal de abogado que pueda trabajar con cualquier persona, por lo que cuanto más claro tenga el letrado el tipo de cliente al que mejor puede atender, menos frecuentes serán las complicaciones que se presenten durante el proceso. Como ocurre en psicoterapia, el individuo en trance de separación o de divorcio suele estar abrumado por los problemas y lleno de dudas sobre sí mismo y su vida. Cuando acude a un abogado, lo hace bajo el peso de intensas emociones: desorientación, culpabilidad, desmoralización, odio a la pareja, temor al fracaso y miedo al futuro.

Estudios sobre abogados matrimonialistas demuestran que estos consejeros a menudo se sienten exasperados y frustrados con sus clientes, a quienes describen como demasiado nerviosos, confusos, subjetivos o incapacitados para tomar decisiones. Por otra parte, no es raro que en un intento por demostrar su comprensión y solidaridad hacia el cliente, los juristas asuman una carga tremenda ante las complicaciones del caso, o las exigencias conscientes o inconscientes de los clientes desesperados para que actúen de confesores, psiquiatras y hasta de madre o padre.

Ante tales situaciones, algunos letrados reaccionan como caballeros de la Edad Media y, en aras de luchar contra la injusticia, se entregan ciegamente a la defensa de sus clientes, pierden la objetividad y terminan siendo víctimas de sus propias fantasías redentoras. Hay abogados que por sus propios prejuicios, sus experiencias personales con la separación o el divorcio, o por motivos no éticos, buscando únicamente el lucro personal, alargan innecesariamente el proceso legal o avivan irresponsablemente en sus clientes la necesidad de desquitarse, los sentimientos revanchistas. Desafortunadamente serán los clientes y no ellos los que más tarde tendrán que mantener algún tipo de relación con el antiguo consorte, especialmente si hay niños de por medio.

No obstante, la misión primordial del abogado es la de aconsejar y negociar en representación de sus clientes, y dada la complejidad de estas negociaciones, es importante que los defendidos estén bien informados sobre las alternativas a su alcance y tengan una idea clara de las eventuales consecuencias de sus decisiones, lo cual no siempre es fácil porque a menudo quienes están en trance de separación no son capaces de apreciar las múltiples complicaciones del proceso legal. En sociedades muy legalistas es frecuente encontrar letrados que se empeñan en conseguir el acuerdo económico más ventajoso para su cliente, y negocian con una tenacidad y dureza implacables. Sin embargo, el problema en estos casos suele ser que al final, si el acuerdo alcanzado no es justo ni realista, solo servirá para prolongar las tensiones, las luchas y el resentimiento.

El juez es otro actor fundamental en el escenario de la pareja rota. El poder tangible y el papel simbólico de los magistrados son extraordinarios. En la mayoría de las sociedades es el juez quien decide la custodia de los hijos, las condiciones de visita del padre ausente y la cantidad a pagar para el mantenimiento del ex cónyuge y los niños. Muchas parejas, sin embargo, contemplan al juez como el sentenciador que ha de decidir quién es el culpable y quién el inocente. El magistrado, a su vez, se ve obligado a hacer gala de una sabiduría salomónica ante el apasionamiento y las grandes divergencias de las parejas rotas.

Como todo ser humano, el juez puede inclinarse a favor del hombre o de la mujer, mostrarse despegado e imparcial o especialmente preocupado por el futuro y el bienestar de los hijos. Hay quienes se guían por los hechos, mientras que otros se dejan llevar más por la intuición o por sus propias experiencias personales con la ruptura. En definitiva, el papel del juez no es fácil, la carga es pesada y la responsabilidad inmensa, pues el impacto de su sentencia en la vida futura de la pareja y de sus hijos será profundo y duradero.

# 12
## EL CAMINO DE LA RECUPERACIÓN: CONFUSIÓN Y SOLEDAD

> Por fuerte que sea el dolor, se hace más sufrible cuando uno está convencido de que sobrevivirá la enfermedad que lo causó y que con el tiempo se curará. La peor calamidad se vuelve tolerable si uno cree que el final está al alcance de la vista. La peor agonía se mitiga tan pronto como uno cree que el estado de angustia es reversible y cambiará. Solo la muerte es absoluta, irreversible, final; primero que nada la nuestra, pero igualmente la de otros.
>
> BRUNO BETTELHEIM, *Sobrevivir,* 1976.

Al igual que cuando nos recuperamos de un fuerte trauma, la experiencia de la ruptura de la pareja implica un largo y penoso proceso. De hecho, algunos de los conflictos emocionales consiguientes puede que nunca se resuelvan. En general, la recuperación plena de la separación o el divorcio requiere varios años. Suelen transcurrir un mínimo de tres a cuatro años hasta que los hombres y mujeres que atraviesan este trance se sienten capaces de enfrentarse de nuevo al mundo de las relaciones amorosas profundas, ya sea con la esperanza del recién llegado o como exiliados forzosos en un país extraño.

Existen tres fases diferenciadas en el camino de la recuperación. En este capítulo enfocaré las dos primeras, caracterizadas, respectivamente, por la confusión y la soledad.

Inmediatamente después de la ruptura la pareja se siente, sobre todo, conmocionada, confusa y desorientada, y busca desesperadamente escapar del dolor y la angustia. Este período puede extenderse hasta un año. A continuación, surge una etapa de soledad, tristeza y aislamiento en un mundo que parece extraño. Esta fase dura entre uno y dos años, y se caracteriza por sentimientos de pérdida, duelo, culpa y rencor hacia la antigua pareja. Para muchos separados, esta segunda etapa representa también el principio del renacimiento de la esperanza y autoestima, el nuevo punto de partida que culminará en su adaptación e integración en una nueva vida.

Con excepción de la muerte de la pareja amada, la separación y el divorcio son para la mayoría de las personas las experiencias más traumáticas y penosas de su vida. Por eso, a nadie debe sorprender que, en muchos casos, la ruptura de la pareja origine fuertes síntomas o reacciones emocionales y físicas casi idénticas a las que se producen cuando fallece un ser querido. Es por esto por lo que casi todas las rupturas conyugales van acompañadas de un «período de duelo».

Pese a las similaridades entre la muerte de alguien muy querido y el divorcio, enfrentarse al desamparo, a los conflictos y al caos personal que causa la disolución del matrimonio implica un proceso, en cierto sentido, incluso más difícil que la desolación que produce la muerte. Esto es particularmente cierto cuando las parejas rotas permanecen cerca el uno del otro y mantienen las hostilidades durante años o involucran en sus desquites a los hijos.

Otra diferencia entre la defunción del cónyuge amado y la pareja rota es que, en el primer caso, los amigos y familiares suelen ofrecer apoyo emocional, ayuda y consuelo a los afectados. En claro contraste, la alienación del medio social, de los parientes y amigos suele ser la norma en caso de separación o de divorcio. Las personas cercanas a la pareja que se rompe a menudo toman partido, tratan de buscar un culpable o se alejan por temor a las salpicaduras de la crisis, a verse implicadas en el conflicto.

En medio del dolor que causa la pérdida de un ser querido existe una tendencia a evocar los mejores rasgos del desaparecido, mientras se intenta confortar a los afligidos. Por el contrario, en la ruptura se tiende a condenar o marginar a los protagonistas. Tales comportamientos son recíprocos, ya que, tras la defunción de un ser querido, los afectados tratan de buscar aliento y apoyo entre su grupo de amigos y familiares. Sin embargo, después de la separación, las parejas se inclinan a distanciarse para no tener que soportar o hacer frente a las habladurías, sospechas, hostilidades y, en definitiva, al estigma y el rechazo del entorno social.

Mientras la muerte del compañero es algo irrevocable, cuando se rompe una pareja surge una interminable amalgama de cuestiones, conflictos, posibilidades e incertidumbres. Por ejemplo, en la ruptura, el cónyuge puede marcharse sin previo aviso, sin dejarse ver de nuevo, o puede continuar merodeando o residiendo en la misma ciudad y hasta en la misma calle. No obstante, la norma suele ser que, antes de que la separación formal se cumpla, aflore una cascada de sentimientos de angustia, ira y resentimiento. Tal situación es bien distinta de lo que generalmente ocurre con la muerte, que suele llegar cuando la pareja está todavía comprometida en el proyecto de la relación.

En cualquiera de los casos, cuando una pareja se quiebra, la mayor parte de los afectados sufre en su carne no solamente la pérdida del compañero de vida, sino también de los lazos sociales sobre los que se apoyaba su autodefinición como pareja. Como consecuencia, surge el inesperado cuestionamiento de la propia identidad, la sensación de que ya no son los mismos que cuando estaban unidos.

El asombro y la desorientación suelen configurar la respuesta inmediata a la separación. Este estado de confusión obedece al caos emocional que implica la ruptura, a la obsesión sobre la pérdida del cónyuge y a los constantes cambios de humor que se producen. A estas emociones hay que añadir los intensos sentimientos de ansiedad, desolación y pánico que reflejan la vulnerabilidad del individuo. También es frecuente el malestar físico, que se traduce en agotamiento, pérdida del apetito y dificultad para conciliar el sueño, síntomas que, a su vez, intensifican la angustia. Algunos tratan de narcotizar este penoso estado de ánimo con tranquilizantes o con alcohol, pero la mayoría pronto se da cuenta de que ni siquiera las drogas más potentes los consuelan. Hundidos en la crisis, pierden la esperanza y se vuelven extremadamente susceptibles tanto a la ira como a las lágrimas.

Entre los sentimientos inmediatos más chocantes que experimentan las parejas rotas hay que destacar los altibajos tan fuertes como imprevisibles de humor, que pueden durar días, semanas y hasta meses. Quienes fueron abandonados se sorprenden cuando en algunos momentos llegan incluso a disfrutar de su soledad. Por el contrario, quienes iniciaron la ruptura se extrañan y desalientan al encontrarse continuamente al borde de las lágrimas. En los casos en que la separación se llevó a cabo de mutuo acuerdo, los protagonistas se asustan aún más ante sus frecuentes e inexplicables cambios de talante. La causa de estas emociones abrumadoras y contradictorias no es solamente la mezcla amarga de apego y odio que sienten hacia la antigua pareja. Estos cambios anímicos extremos son, además, otro reflejo del doble significado de la ruptura: un remedio doloroso, pero eventualmente curativo.

Durante esta primera etapa de la recuperación hay también quienes dicen sentirse fortalecidos y estimulados, y multiplican sus actividades sociales y profesionales. Cuando se les pregunta sobre la ruptura, insisten en que ha sido la mejor decisión que han tomado en su vida. Por un lado, estos sentimientos inmediatos de liberación reflejan el alivio de las interminables peleas y conflictos con la pareja. Por otro, son la consecuencia lógica de descubrir la capacidad de cuidarse a sí mismos, de poder tomar decisiones propias, de no depender más de otra persona.

Inmediatamente después de la separación, muchas parejas adoptan inconscientemente una actitud defensiva de negación. Tratan de ignorar la realidad, se repiten a sí mismos frases como «no puedo ser yo» o «no puede ser cierto». Llegan incluso a preguntarse si no será todo una pesadilla de la que quieren despertar. Esta tendencia a eludir los hechos es más común en parejas que rompen abruptamente, como por sorpresa, aunque una cierta dosis de negación se suele encontrar también entre quienes planean la ruptura y se preparan con tiempo para el cambio.

La negación inconsciente de la dolorosa situación, sin embargo, tiene una finalidad: amortiguar el fuerte impacto que supone concienciarse de que la ruptura es irrevocable. Al mismo tiempo permite a la pareja replegarse y protegerse hasta poder movilizar defensas psicológicas algo más maduras y adaptadoras, tales como la racionalización o intelectualización de los hechos, la externalización o explicación de lo sucedido a través de causas foráneas, o incluso culpar al destino. Mientras el mecanismo defensivo de negación sea efectivo, la pareja podrá mantener su rutina diaria casi como si nada hubiese acontecido.

Las parejas *negadoras* experimentan la ruptura, por lo menos durante un tiempo, como algo irreal, como una especie de película en la que son simples actores. Pero hay que tener presente que la negación es un mecanismo de defensa temporal que pronto resulta inefectivo y es reemplazado por emociones más reales y evidentes de desorientación, tristeza, miedo, ansiedad y, en muchos casos, por sentimientos de odio, rabia y resentimiento. La pregunta lógica siguiente suele ser: ¿por qué yo?

Cuando se produzca la ruptura definitiva, el cariño se habrá disipado ya, la confianza se habrá convertido en recelo, de la identificación mutua se habrá pasado a la alienación, y el deseo de apoyo se habrá tornado en obsesión por la venganza, por ganar la partida. Aunque, para sorpresa de ambos, todavía es posible que queden sentimientos residuales de vinculación y que se susciten visiones atormentadas de los momentos más tiernos del pasado, o incluso breves fantasías de reconciliación. Pese a que la hostilidad y el resentimiento predominan entre la mayor parte de las parejas rotas, algunos hombres y mujeres de carácter más inhibido ni siquiera se permiten experimentar el mínimo rencor. La represión de estas emociones naturales, sin embargo, les va a producir otros síntomas físicos y emocionales al internalizar su rabia contra ellos mismos.

Como ya apunté en el capítulo sobre los protagonistas, entre las parejas más desgraciadas se encuentran aquellas que son incapaces de enfrentarse a la confusión y el caos que irremediablemente siguen a la ruptura final. Por ejemplo, quienes continúan negando lo ocurrido durante un largo tiempo y, como consecuencia, no pueden llegar a reconocer, aceptar y superar las emociones abrumadoras que les invaden y que son parte necesaria de este proceso inicial de reparación. En esta categoría también se encuentran quienes se comportan de formas autodestructivas, motivados por el odio hacia sí mismos o hacia la pareja; la madre o el padre que se lanza a una lucha salvaje por la custodia de los hijos, movidos más por el deseo de venganza que por el temor a perder a los pequeños, o aquellas parejas tan obcecadas por el rencor que son incapaces de llegar a ningún acuerdo o compromiso.

También entran en este grupo quienes, sedientos de revancha, se lanzan, muchas veces con la ayuda de sus abogados, a una sangrienta campaña de aniquilación del contrario, incluyendo el flanco más vulnerable: su reputación. O quienes se sienten incapaces de superar la agonía del cambio y caen en el alcohol o las drogas para intentar adormecer su pena, o sufren accidentes provocados por su propio deseo de autodestrucción.

Para poder restablecer su equilibrio psíquico, las parejas rotas deberán aceptar las emociones dolorosas, pero normales, que engendra la ruptura, incluyendo el resentimiento y la culpabilidad asociados a situaciones reales o imaginarias —pero irreversibles— del pasado. Aunque no hay que olvidar que la agitación revulsiva de esta primera etapa es dolorosa, también cumple un objetivo: curar las heridas de la pareja para que la persona pueda liberarse de la prisión del pasado y comenzar una nueva vida. En cierta forma, son dolores lógicos de crecimiento que acompañan al desamor, a la disolución de la unión y que, a su vez, ayudan a desarrollar una nueva identidad.

No pasa un día sin que se cierren miles de puertas y un ejército de parejas rotas, separadas o divorciadas, hombres y mujeres, se conviertan en emigrantes en un país extraño. Quienes tomaron la decisión voluntariamente llegan al umbral de este nuevo mundo llenos de esperanza. En el extremo opuesto se encuentran aquellos otros que traspasaron la frontera como exiliados forzosos.

Las parejas que optan conscientemente por la ruptura prevén que se sentirán libres, rebosantes de confianza y rescatadas, mientras que las que son abandonadas esperan, por el contrario, sentirse atemorizadas y deprimidas. Ambos grupos pronto se dan cuenta de que al igual que sucede a los desterrados, que son arrojados por la fuerza a una tierra desconocida, también ellos tienen que enfrentarse con prácticas y costumbres nuevas, y deben sufrir el desconcierto y la cascada de altos y bajos que supone hacer frente al frustrante y sorprendente mundo de los juicios y reacciones de otros.

Como ha descrito el sociólogo Robert S. Weiss, una vez consumada la ruptura, no existen mecanismos de advertencia para alertar a los recién separados sobre los peligros del nuevo escenario. Tampoco hay un sistema de entrenamiento o de aviso sobre el eventual comportamiento o las actitudes de otras personas. Ciertas parejas rotas siguen viéndose con los mismos amigos y conocidos de antes y hasta frecuentan los mismos lugares de diversión. Es posible que, incluso, muchos de los amigos leales de antaño continúen definiéndose aún como amigos. A veces tienen la sensación de que todo sigue igual, como si nada hubiese cambiado y, sin embargo, todo es diferente.

Casi todas las parejas que se rompen pasan de un estado de confusión inicial a una fase de aislamiento y soledad. Durante esta segunda etapa es bastante normal que se sientan, además, oprimidos por una continua y obsesiva revisión de las vicisitudes y problemas del emparejamiento de antaño. Su estado de ánimo suele ser depresivo, aunque algunos oscilan entre la tristeza y la cólera hacia el ex cónyuge. Muchos, abrumados por el miedo a lo desconocido, se retiran del entorno social, se aíslan y se cierran en sí mismos, sumergiéndose en un mar de soledad, vergüenza y culpa. Otros, a pesar de los innumerables problemas diarios con los que tienen que enfrentarse, son incapaces de tomar decisiones hasta en los asuntos más prácticos, aunque sean cuestiones que afectan a los hijos, a la nueva casa o a la situación económica. A no pocos les resulta casi imposible dar abasto, y al observar su comportamiento se sienten desalentados por su ineptitud y vulnerabilidad.

Durante esta fase también es frecuente que la tristeza y la desmoralización azoten a las parejas. Es evidente que la experiencia de la separación o el divorcio incrementa la posibilidad de sufrir depresión. Después de todo, no resulta difícil culparse a uno mismo de la ruptura o creer sinceramente que uno fue abandonado a causa de sus propias limitaciones. También se dan las fantasías de suicidio, aunque estas suelen ser más un reflejo de la rabia y decepción con uno mismo que el verdadero deseo de morir. Quienes iniciaron la ruptura sienten culpa y angustia al pensar en el daño que su huida produjo en quienes se habían comprometido a amar y proteger. Llegan incluso a anticipar las críticas y reproches de terceras personas y a estar convencidos de que tales condenas son bien merecidas. No pocos ponen también en duda su futura capacidad para comprometerse, para mantener relaciones amorosas o asumir obligaciones emocionales.

Quienes sufrieron involuntariamente la separación, los que fueron rechazados o abandonados, tienden a dudar de su propia capacidad para lograr el amor de alguien en el futuro, mientras aceptan como válidas las acusaciones que su compañero hizo antes de marcharse. Pierden con frecuencia el respeto hacia ellos mismos y se obstinan en desconfiar de su aptitud para forjar y mantener nuevas relaciones.

Después de la ruptura, muchos hombres y mujeres se sorprenden al darse cuenta de que la soledad es peor que la presencia de la pareja, por hostil o silenciosa que esta fuese. Ahora, el sufrimiento no solo obedece a la desolación causada por la marcha del consorte, sino también a la desconexión y retraimiento que se produce del resto del mundo. Mientras el aislamiento y la añoranza frecuentemente conducen a sentimientos de angustia y desilusión, el mundo exterior se presenta ante estas personas como algo vacío, silencioso e inhóspito.

En algunas parejas separadas, el temor a la soledad estimula poderosos impulsos que les llevan a comportarse de forma extraña. Por ejemplo, muchos hombres y mujeres que se autodefinen personalmente, o en sus relaciones amorosas, como conservadores, confirman que para superar el penoso sentimiento de soledad se lanzan frenéticamente a buscar aventuras románticas en los bares de solteros, frecuentan salas de fiestas o van dando tumbos de una relación a otra. Casi todos, después de varios intentos, acaban por desistir, tras comprobar que se sienten incómodos, raros, torpes o fuera de lugar.

Durante este período de aislamiento las parejas rotas se suelen distanciar de sus antiguos amigos, especialmente de los casados. Ya indiqué que, tras la ruptura, los amigos a menudo intentan ayudar y apoyar a la pareja, pero después de un cierto tiempo se produce un alejamiento mutuo. Ambas partes se dan cuenta de que la persona que se separa cambia, su vida es diferente, las prioridades son otras, y ahora la antigua amistad les satisface menos. En algunos casos, los nuevos separados se sienten rechazados injustamente o se imaginan que, al haber retornado a la soltería, constituyen una amenaza para los compañeros casados.

En efecto, la realidad es que las cosas ya no son iguales, la situación ha cambiado y el distanciamiento es mutuo, lo que se hace evidente tanto en los separados como en sus viejos amigos de pareja. Así, las antiguas relaciones de amistad ya no son posibles. El impacto sobre las parejas rotas es significativo, ya que el extrañamiento de esta comunidad de viejos amigos y el aislamiento social que ello implica avivan los sentimientos de soledad.

Como ya señalé en un capítulo anterior, con los familiares el alejamiento suele ser menor. Los padres y hermanos están atados por los lazos consanguíneos y su lealtad es más intensa que nunca en momentos de crisis. Ello no obsta para que también la relación familiar se resienta ante la ruptura. Los parientes a menudo se muestran contrariados y disgustados, por mucho que traten sinceramente de entender la situación. Las parejas rotas, por otro lado, suelen pensar que han fallado y decepcionado a la familia y temen su desaprobación, lo que les hace sentirse como niños a la espera de ser censurados o castigados tras haber confesado una fechoría.

Aunque muchos continúan manteniendo el contacto y la relación de apoyo con sus familiares, otros, en cambio, van perdiendo el acceso al núcleo al que siempre pertenecieron, con la consecuencia penosa de sentirse aún más aislados socialmente. Por otra parte, es muy frecuente que estas parejas que temen el juicio y la condena ajenos, y se retiran o alejan, se juzguen a sí mismas con excesiva severidad, y proyecten sus propios sentimientos de autocrítica en los demás.

Con el tiempo, la mayoría de los hombres y mujeres que se separan o divorcian reanudan sus viejas relaciones familiares, al tiempo que establecen fuertes lazos con una nueva comunidad. Su vida social será diferente a la anterior, pero por lo general será de superior calidad. En cierto sentido, este período de soledad y aislamiento, que va desde el desmantelamiento del antiguo entorno social hasta la creación de nuevas relaciones, es el peaje a pagar por avanzar en el camino hacia la superación.

Durante el proceso de recuperación llega el momento en que estos hombres y mujeres, separados o divorciados, tienen que hacer un esfuerzo consciente para presentar a los demás su nuevo estado civil, su nuevo papel social. Como ha observado el sociólogo Morton Hunt, las parejas rotas tienen que aprender a decir *yo* en lugar de *nosotros*. Este cambio exige no solamente la determinación para hablar y comportarse como una persona separada o divorciada en vez de como una persona casada, sino que, más importante aún, hay que concienciarse, pensar y sentir como tal.

Muchos de los desafíos que se plantean durante esta fase tienen que ver con temas prácticos de todos los días. En realidad, una nueva vida estable no comenzará hasta que no se solucionen ciertas cuestiones reales que afectan a las necesidades básicas, como el dinero, la casa, el trabajo y, desde luego, el cuidado de los hijos. Aunque estos problemas pueden tardar meses o, en algunos casos, incluso años en resolverse, a medida que se van superando surge una nueva forma de vida razonablemente gratificante que, a su vez, renueva la confianza en el futuro y nutre la nueva identidad de la pareja rota.

La mayor parte de los afectados superan con éxito esta etapa de soledad y aislamiento en un período aproximado de dos años. Tras producirse la ruptura, los desarreglos y la confusión fueron tan devastadores que la construcción de una nueva vida parecía un objetivo inalcanzable. Sin embargo, poco a poco, y casi por necesidad, estos hombres y mujeres avanzan hacia una nueva definición de sí mismos, hacia un estilo de vida más activo, autónomo y gratificante. En un momento dado, la mayoría de las parejas entran en la etapa final de la recuperación: la fase de volver a empezar. Aunque muchos emprenden de nuevo el camino de las relaciones amorosas temerosos y aprensivos, con la práctica y el tiempo casi todos recobrarán la esperanza, la aceptación y la satisfacción con ellos mismos.

# 13
## VOLVER A EMPEZAR

La complejidad de nuestra vida interior es consecuencia de las múltiples opciones y posibilidades a nuestro alcance. Las vivencias que tratamos de entender no son simples emociones, sino mezclas oscuras e intrincadas de sentimientos y deseos. Las emociones simples y claras desaparecieron cuando desaparecieron las costumbres y normas sociales simples y claras que solían guiar nuestra vida antiguamente.

ARLENE SKOLNICK, *El paraíso amurallado,* 1991.

Tras sortear la crisis de la ruptura y las enconadas batallas que la precedieron, la confusión, la rabia, la amargura, el miedo, la culpa, el duelo y el duro período de soledad y aislamiento, los protagonistas comienzan a sentirse realmente diferentes de como eran cuando estaban emparejados, y a experimentar fuertes deseos de volver a empezar, de explorar nuevas relaciones. Estos son momentos de ilusión, de confianza, de aventura, de compromisos y de proyectos, aunque muchos también contemplan el desafío de volver a empezar como un escenario lleno de riesgos, de pruebas y de errores, una apuesta difícil y peligrosa. A medida que el ansia de experimentar una nueva vida se perfila con más claridad, los temores se irán disipando. Eventualmente, casi todos soñarán con volver a explorar el territorio del que escaparon o fueron expulsados: la relación de pareja. Cuando esta última etapa finalice, la mayor parte habrá aceptado su pasado, su nueva identidad y su nueva vida.

El problema estriba en que, después de tantos meses de reclusión, estos hombres y mujeres se encuentran ahora desvinculados de los círculos sociales y del grupo de amistades de sus tiempos de matrimonio. La situación es especialmente frecuente entre quienes estuvieron casados durante varios años y tuvieron hijos. Sus amigos de la época familiar se distancian y los nuevos conocidos o son demasiado jóvenes, o no encajan con ellos.

Más profundos son el extrañamiento y la alienación que sienten los separados de mayor edad, para quienes el reto de volver a empezar suele ser más difícil de superar que para los jóvenes. Con frecuencia, les inquieta la incertidumbre de no saber qué tipo de recibimiento tendrán o qué impresión causarán a los demás, mientras que muchos se ven a sí mismos fuera de lugar, socialmente torpes o poco atractivos. Durante el derrumbamiento de su matrimonio, terminaron por aceptar la imagen negativa de sí mismos que les imponía la pareja. Ahora, la inseguridad y el miedo a lo desconocido les hace ponerse en guardia ante el sinfín de obstáculos que se imaginan tendrán que salvar para reincorporarse al nuevo mundo social. Invadidos por la ansiedad y el pesimismo, desconfían de sí mismos y temen ser rechazados, puestos en evidencia, explotados sexual o económicamente y, en definitiva, temen que se aprovechen de ellos por su necesidad de compañía.

Una vez superadas las fases de confusión y soledad, la gran mayoría de hombres y mujeres vuelve a integrarse en el ambiente social y a participar en reuniones y demás acontecimientos de grupo. Solo una minoría persiste en su aislamiento y evita deliberadamente al sexo opuesto por razones psicológicas o sexuales. Entre las parejas más jóvenes que rompen cuando tienen de veinticinco a treinta años, son contados los que permanecen solos por mucho tiempo, mientras que las parejas de cuarenta y cinco a cincuenta años de edad son algo más proclives a mantenerse apartados o incomunicados, particularmente las mujeres.

Por otra parte, el grado de dificultad para reinsertarse en el nuevo ambiente social depende de diversos factores físicos y temperamentales, así como de las expectativas que el hombre o la mujer tengan de sí mismos. Concretamente, las personas más jóvenes, físicamente atractivas, bien situadas, extrovertidas y seguras de sí mismas, encuentran más fácil el camino que quienes no poseen estas cualidades. La confianza en uno mismo es uno de los factores más importantes.

Al reincorporarse al mundo de los solteros después de años de vida de pareja, muchos se sienten como adolescentes y, en cierto sentido, incluso peor. La cascada de inquietudes y de preguntas sin respuesta es interminable; cuestiones sobre su aspecto físico, sus maneras, su estilo de relacionarse, ¿qué decir?, ¿dónde ir?, ¿cómo explicar a los hijos que un amigo viene a casa? Los que un día estuvieron casados y ahora se enfrentan con su primera aventura romántica sienten incluso más estrés que un adolescente y, desde luego, piensan que tienen más que perder: su dignidad lentamente recuperada, su frágil identidad. Muchos de estos principiantes se sorprenden, por una parte, de la cantidad de detalles íntimos que se les exige en las primeras citas y, por otra, de la facilidad y rapidez con la que ellos mismos se abren y se sinceran sin dudarlo

162

mucho, porque en el fondo sienten una intensa necesidad de abrirse, de hablar, de comunicarse.

Se ha dicho que el alma de las parejas rotas es como un antiguo desván repleto de trastos viejos acumulados durante años, colmado de tesoros y de despojos. Cuando se escuchan a sí mismos soltando presión con los nuevos conocidos sobre las historias conflictivas de sus vidas se sorprenden, pero al mismo tiempo se deleitan por esta insospechada capacidad que tienen para sincerarse. Todos descubren pronto que son más sociables y más atractivos de lo que habían imaginado.

Estos primeros encuentros ofrecen la oportunidad de conocer y relacionarse con hombres o mujeres de diferente personalidad que la del ex cónyuge, y descubrir aspectos positivos de su propio carácter que habían permanecido ocultos y enterrados en su antiguo hogar. Con el tiempo, también aprenden a seleccionar mejor el tipo de persona con la que se sienten más a gusto, la compañía preferida, y empiezan a practicar nuevas formas de relación. En efecto, durante este período la experimentación es prácticamente una necesidad.

Después de algún tiempo, la mayor parte da la impresión de estar bien engarzados con su nuevo mundo. Sin embargo, tal apariencia puede ser engañosa. La armonía interna de la persona todavía es frágil y cualquier contrariedad personal, desaire o rechazo sentimental puede provocar nuevamente una crisis. Un desprecio es siempre desconsolador, pero el impacto es más profundo y doloroso para aquellos cuyo paso por el túnel de la ruptura está aún reciente.

Quienes disfrutan de un empleo o profesión remunerados durante esta etapa de renovación de las relaciones personales tienen ciertas ventajas. Para empezar, la participación en un trabajo da más autonomía, seguridad y sentido a sus vidas. Además, una ocupación les ofrece un abanico más amplio de intereses, alternativas y opciones de autodefinición.

En las sociedades occidentales existen dos tipos principales de normas o costumbres sexuales: las reglas que afectan a los casados y las que se aplican a los solteros. Sin embargo, en la mayoría de estas sociedades no existen pautas establecidas sobre las relaciones sexuales de los hombres y mujeres separados o divorciados. Pese a esta falta de preceptos claros, tras la ruptura formal, las relaciones sexuales ocasionales suelen ser aceptadas por las personas separadas. Los hombres generalmente son más agresivos en la búsqueda de estos encuentros sexuales que las mujeres. No obstante, unos y otros encuentran generalmente que estas experiencias sexuales posmaritales son más agradables y gratificantes que las anteriores. Esta percepción se debe, en parte, a que existe una tendencia a comparar estos nuevos encuentros con la etapa final de su relación de pareja, cuando la intimidad estaba casi perdida y el placer sexual probablemente se había deteriorado.

Sin embargo, existe un pequeño porcentaje que rechaza las relaciones sexuales tras la ruptura. Las razones más frecuentes de abstinencia son la crisis y el aislamiento de los primeros momentos, los estados depresivos, el rencor y la desconfianza hacia el sexo opuesto, y el temor a complicarse la vida o a fracasar de nuevo.

Hay quienes, empujados por la propia inseguridad, el miedo a la soledad o la necesidad de narcotizar el dolor emocional que sienten, se lanzan a la búsqueda compulsiva de compañeros de relaciones sexuales. Se embarcan en la interminable seducción del sexo contrario para reforzar su autoestima o por el simple placer de conquistar. Para la mayoría, estos impulsos sexuales obsesivos y promiscuos son estados transitorios que reflejan la lucha interna por alcanzar una nueva identidad y tranquilidad mental. Casi todos acabarán descubriendo que las relaciones sexuales están ligadas al afecto y que los dos se refuerzan mutuamente.

Al tener que enfrentarse con las múltiples opciones e incertidumbres de la nueva vida, estos hombres y mujeres deberán ponerse genuinamente en contacto con sus sentimientos y pensamientos más profundos. En cierto sentido, al carecer de directrices claras, el individuo no tiene otra alternativa que mirar hacia dentro para elegir, ser sincero consigo mismo, una tarea que no siempre es fácil ni da siempre resultado.

Muchas parejas logran superar solas la crisis de la ruptura, utilizan sus propios medios personales y se benefician de la ayuda de los buenos amigos y del apoyo de familiares. Otras, que cada día son más, aunque cuenten con suficientes recursos emocionales, sociales y materiales, optan además por acudir a la asistencia profesional de un psicoterapeuta o consejero matrimonial.

Aunque todavía se aprecian actitudes contrapuestas y una intensa ambivalencia hacia el terapeuta —los psiquiatras en particular sufren de una imagen pública profundamente mixta que quizá constata su doble herencia de la religión y de la medicina—, hoy existe mucha más aceptación de la psicoterapia como método para resolver conflictos emocionales o interpersonales. De hecho, parece que cada día más gente alardea de un nuevo tipo de heroísmo: haberse enfrentado a sus conflictos emocionales y a las dificultades que la vida les ha planteado, aunque para lograrlo hayan recurrido a la ayuda profesional.

Un reflejo de la mayor aprobación de la psicoterapia es el crecimiento extraordinario que ha experimentado el campo de la salud mental. La progresiva concentración de especialistas es particularmente alta en las grandes urbes, donde se acude sin reparos al profesional de la mente para abordar dilemas existenciales, aclarar dudas vocacionales o mitigar leves estados de descontento.

Se han identificado numerosas escuelas diferentes de psicoterapia, no obstante, las terapias de orientación psicodinámica o psicoanalítica son las más extendidas. Con raíces en la obra de Sigmund Freud de principios del siglo XX, estas técnicas han adoptado a lo largo de los años una visión más optimista y flexible del ser humano y un concepto más igualitario de los dos sexos. La premisa fundamental de este modelo es que las personas utilizan solamente una pequeña parte de su potencial de productividad, de realización y de felicidad. Entre las causas de este problema se incluyen la poderosa influencia del inconsciente sobre el comportamiento humano, la falta de conocimiento del individuo sobre las verdaderas motivaciones de sus actos, las experiencias dolorosas infantiles y otros traumas posteriores.

La opción de la psicoterapia cada día es más frecuente, aunque por lo general se toma demasiado tarde, cuando ya se han perdido todas las esperanzas de arreglo y la decisión de romper está prácticamente tomada. En estos casos en los que la ruptura es inevitable, la psicoterapia puede ser muy útil para que la separación sea, si no menos traumática, sí más racional, porque durante el trance de la ruptura es casi imposible mantener un mínimo de objetividad.

La psicoterapia puede ser también eficaz entre las parejas que carecen de pensamiento prospectivo, que piensan exclusivamente en lo que están dejando atrás, en el infierno del que huyen y se van a liberar, y no contemplan hacia dónde van, la condición en la que se van a encontrar. Así, cuando se les pregunta cómo visualizan su vida después de la separación, qué planes o qué situación se imaginan en el futuro próximo, reaccionan con asombro, inseguridad y miedo, como si se les abriese una caja de sorpresas. Es cierto que resulta difícil, o quizá imposible, predecir todos los cambios que tendrán lugar como resultado de la ruptura. Por otra parte, también es lógico que pensar en el mañana sea angustioso para quienes se dan cuenta de que ni pueden vivir juntos ni les es posible imaginarse la vida separados.

De hecho, en las sociedades occidentales los conflictos de la pareja, la separación y el divorcio se han convertido en causas muy importantes para solicitar la ayuda de psiquiatras, psicólogos, psicoanalistas o trabajadores sociales. En Estados Unidos, por ejemplo, varios estudios recientes demuestran que más del 50 por 100 de las personas que buscan la asistencia de la psicoterapia comenzaron el tratamiento motivadas por los problemas en sus relaciones de pareja. Por otra parte, un alto porcentaje de personas separadas y divorciadas reciben alguna forma de psicoterapia antes, durante o después de la ruptura. Un estudio sobre el consumo de tranquilizantes señala que a los individuos en proceso de separación o divorcio se les recetan más antidepresivos, píldoras para dormir o fármacos para aliviar la ansiedad que a cualquier otro grupo de la población general.

Ciertas parejas que se rompen buscan la intervención profesional para tratar las reacciones confusas y dolorosas, pero normales, de la ruptura. Precisamente, muchos de los síntomas psicológicos y físicos que acompañan a las etapas de confusión y soledad, y los temores asociados con el período de volver a empezar, son ingredientes necesarios del proceso de recuperación, de forma que su ausencia puede ser una señal más alarmante que su presencia.

La psicoterapia ayuda a la pareja rota a construir su propia versión de qué fue lo que falló en la relación, a reforzar su autoestima y seguridad, a aliviar su estado de desmoralización y la impotencia que sienten para cambiar la situación. También les apoya a la hora de ordenar sus relaciones personales y profesionales.

En algunos casos, los afligidos se quejan de incapacidad para dominar sus propios sentimientos e impulsos, el odio hacia ellos mismos o la ira hacia el ex cónyuge. Tienen miedo de perder el control de la situación y hasta de enloquecer. Se sienten paralizados a la hora de hacer planes o de enfrentarse con cualquier coyuntura, indefensos o sin capacidad de reacción. La desesperanza es muy frecuente, aunque hay quienes muestran una preocupación obsesiva por sobrevivir. También es común que busquen guía y asesoramiento sobre cómo comportarse con sus hijos. Como ocurre en otras situaciones de estrés y de crisis, la separación limita, o incluso anula, temporalmente la capacidad de adaptación de la persona.

La psicoterapia puede ayudar a evitar conductas destructivas o derrotistas que pueden enquistarse. Por lo que respecta al tipo de psicoterapia, tanto la individual como la de grupo pueden ser beneficiosas. En términos generales, la psicoterapia individual es preferible durante la crisis de los primeros momentos o las fases de confusión y de soledad. Pero cuando las personas entran en la etapa de comenzar de nuevo y de acercamiento al mundo exterior, y ponen a prueba su identidad y su autoestima, la psicoterapia de grupo es particularmente útil.

Existen varios factores curativos en las intervenciones de grupo. Por ejemplo, los participantes se benefician del intercambio de información, de las sugerencias o consejos de otros miembros del grupo que ayudan a abrir las puertas de la nueva vida. Un elemento positivo es apreciar directamente la mejoría de otros participantes que han pasado también por situaciones de ruptura, porque esto genera sentimientos de esperanza. El sentido de universalidad —darse cuenta de que los problemas no son únicos sino que afectan igualmente a otros— que ofrece el grupo juega un papel curativo muy importante. Sin embargo, a la larga, los ingredientes más beneficiosos de la psicoterapia de grupo son los frutos de las relaciones entre sus miembros.

Implícitos en la misión de la psicoterapia se encuentran los principios que exaltan, por un lado, la racionalidad, el autocontrol y la disciplina, y por otro, la introspección y el análisis honesto y objetivo de las ideas, las emociones, los deseos y los conflictos. En otras palabras, el viejo valor socrático de *¡conócete a ti mismo!* Con éxito, este tratamiento empuja a los hombres y mujeres que rompen su relación de pareja a aceptar la responsabilidad de sus dificultades, fomenta la seguridad en sí mismos, la autoestima, la ilusión en el futuro y, sobre todo, ayuda a encontrar explicaciones de uno mismo y de las vicisitudes de la relación fracasada. Como nos recuerdan las *cuatro verdades nobles* enunciadas por Gautama Buda, la vida es irremediablemente difícil, pero las dificultades de la existencia se pueden superar si reconocemos sus causas y vencemos los obstáculos que se interponen en nuestro camino.

La gran mayoría de las parejas que rompen superan con éxito esta última etapa de volver a empezar y de reintegración en la nueva vida social. Después de un período de tiempo, lucha y esfuerzo, establecen relaciones nuevas, auténticas y gratificantes. Esto no nos debe sorprender, porque los seres humanos somos las criaturas vivientes con mayor capacidad de adaptación.

# 14
## SUPERACIÓN Y NUEVAS UNIONES

Fin de carrera.

Los participantes se agruparon junto al Dodo, resoplando mientras preguntaban: ¿quién ha ganado? No parecía que el Dodo fuera capaz de contestar a esta pregunta sin antes haberse entregado a profundas cavilaciones, de modo que, apoyando un dedo en la frente, permaneció así un buen rato, mientras los demás aguardaban en silencio. Por fin sentenció el Dodo: ¡todos han ganado, y, por tanto, todos han de recibir premio!

LEWIS CARROLL, *Alicia en el país de las maravillas,* 1865.

$S$abemos que, por lo general, se tarda varios años en recuperarse de la separación o el divorcio. El camino hacia esta restauración no es el mismo para todos y depende, como ya he mencionado, de las circunstancias de la ruptura, del carácter y recursos de la persona y del ambiente social en el que vive y con el que se relaciona. No obstante, está ampliamente demostrado que después de superar las diversas etapas que desencadenan la crisis, la mayoría de los hombres y mujeres que atraviesan este trance se recupera.

Muchos establecen nuevas relaciones amorosas y amistades diferentes, algunos también cambian de carrera o de trabajo, o se mudan de ciudad. No pocos deciden explorar a fondo las razones de su fracaso sentimental y familiar, y tratan de conocerse mejor. Con el tiempo dejan de autoculparse o de acusar a su antigua pareja, y alcanzan un entendimiento equilibrado y constructivo de lo que realmente sucedió. La mayoría piensa que la decisión de romper fue acertada, aunque siempre quedan unos pocos que al cabo de los años aún consideran que cometieron un error del que todavía se arrepienten.

Casi todas las personas que se separan o divorcian, tanto hombres como mujeres, pronto sueñan con volver a establecer una relación de pareja amorosa y estable. De hecho, la mayor parte lo lleva a cabo formalmente. Tal es el caso en Estados Unidos, donde cuatro de cada cinco personas divorciadas vuelven a casarse. Estas cifras sugieren que muchos de los que desean contraer matrimonio de nuevo lo consiguen sin grandes dificultades, incluyendo las mujeres, pese a que bastantes se vean obstaculizadas por la presencia de los hijos. Sin embargo, el matrimonio no es la meta única y obligatoria para las parejas que rompen; cada día son más los hombres y mujeres separados o divorciados que prefieren emparejarse sin pasar por el trámite formal del casamiento.

Por ejemplo, unas veces el compromiso con la pareja se basa en la accesibilidad, el apoyo y afecto mutuos, en pasar juntos la mayor parte del tiempo posible, aunque funcionen independientemente en otros aspectos de la vida diaria, y vivan en casas separadas. Otros escogen vivir juntos, dándose cariño, aliento y compañía, y llegan tácitamente a arreglos de división de las labores domésticas y la separación de sus finanzas. Pero la mayoría, a la larga, vuelven a sentir el deseo de emparejarse formalmente de nuevo o incluso de volver a casarse. Para este grupo, el más numeroso, la ruptura significó solo un intervalo en su vida de casados.

En lo que se refiere al nuevo emparejamiento, aunque hay quien repite el error y tiende a escoger el mismo tipo de persona, la mayoría huye de cualquier parecido con el ex cónyuge. Entre quienes buscan la repetición de un modelo de relación abundan quienes se sienten empujados por necesidades neuróticas inconscientes. No obstante, la mayoría tiende a alejarse de sus nuevas parejas si a medida que los lazos se estrechan y la unión se hace más íntima, descubren situaciones similares a las que se plantearon durante la relación que fracasó. Muchos de los sujetos examinados en este estudio aseguran haber experimentado cambios psicológicos tan profundos a consecuencia de la ruptura que les sería imposible volver a sentirse atraídos por el mismo tipo de persona.

Los hombres y mujeres que se vuelven a casar afirman, en su mayoría, que están muy satisfechos con su nueva relación, se sienten rejuvenecidos, como si hubieran vuelto a nacer, orgullosos de haber transformado una derrota en victoria. Con esto no quiero dar a entender que estén libres de problemas; de hecho, hay quien da el paso demasiado apresuradamente y aporta a la nueva relación las preocupaciones y conflictos todavía irresueltos de la ruptura. Por esta razón, suelen encontrar menos dificultades quienes dejan pasar un período de tiempo antes de comenzar una nueva relación amorosa formal. Además de tratar de superar las complicaciones prácticas asociadas con la ruptura, muchos tienen que asimilar los sentimientos ambivalentes o conflictivos hacia el ex cónyuge, los problemas económicos y, en ciertos casos, la pérdida o la añoranza de los hijos. Todos estos retos suelen dificultar o interferir con una nueva relación.

Es evidente que el resultado de la ruptura, tanto si se trata de separación como si es un divorcio, no es la amargura constante, el rencor permanente, la desilusión, la soledad interminable o la fobia a emprender nuevas relaciones amorosas. Por el contrario, las parejas que se rompen suelen ofrecer un balance positivo de la crisis, piensan que nada ni nadie hubiese podido salvar su matrimonio, que volverían a separarse, que la escisión fue necesaria y que en su nuevo estado se sienten más felices. En cuanto a su relación con los hijos, muchos opinan que la comunicación con ellos es igual o mejor que antes.

Casi todo el mundo está de acuerdo en que el matrimonio y otras uniones amorosas de pareja son relaciones extraordinariamente complejas cuyo equilibrio está en constante proceso de cambio. Cuando un hombre y una mujer deciden formalizar su relación y considerarla permanente, tarde o temprano acaban por hacerse la siguiente pregunta: ¿estamos juntos porque debemos o porque queremos? Lo importante de la respuesta es la forma en que definan su relación, porque cuando empiezan a considerarla más una imposición que una elección se puede pensar que existen problemas.

La incompatibilidad de la pareja siempre da lugar a la desdicha de quienes la integran y genera temor, ansiedad, resentimiento y hastío. Al principio, la pareja trata de protegerse de tales sentimientos dolorosos utilizando mecanismos psicológicos de defensa que se reflejan en todo tipo de justificaciones, pretextos, disculpas, negaciones, sublimaciones o incluso distracciones a través de síntomas físicos o de hipocondria. Mientras dura su efectividad, estas defensas representan formas relativamente económicas de lidiar con una relación infeliz. Pero tarde o temprano, quienes ignoran o se resignan a una unión conflictiva y desgraciada sin solución terminan pagando un precio muy alto por sus defensas: la alienación, la amargura, la apatía y, en definitiva, la desmoralización y la infelicidad.

Por otra parte, cuando estos mecanismos de defensa y demás restricciones mentales dejan de ser efectivos, la pareja incompatible o desavenida toma más fácilmente conciencia de su situación y no tiene más remedio que afrontar la encrucijada y optar bien por tolerar su miseria, bien por terminar la relación. Mucho se ha escrito sobre la capacidad de elección de los seres humanos. En el contexto de la ruptura de pareja, la opción de romper es una prerrogativa de los hombres y mujeres que se unen, un privilegio exclusivo de los protagonistas que debería estar exento de toda coacción, libre de cualquier presión o chantaje.

La decisión de romper requiere un gran desgaste de recursos personales y afectivos, pero rehuir la acción es también otra forma de decidir. La incapacidad para pronunciarse se nutre de miedo, inseguridad y desesperanza. Esta es precisamente la razón por la que tantas parejas que fracasan utilizan todo tipo de maniobras, conscientes o inconscientes, para evitar cuestionarse la viabilidad de su relación; usan anteojeras, como si fueran caballos de tiro, para eludir el pánico. Pero la falta de visión y perspectiva no hace que los conflictos desaparezcan. La convivencia en una unión desgraciada implica irremediablemente dolor, frustración y angustia, y ningún tipo de lobotomía psicológica hará que este sufrimiento desaparezca.

En ocasiones, el propio sufrimiento juega un papel valioso como mecanismo de defensa de la pareja. De hecho, es con frecuencia la única justificación para no hacer frente al desafío que supone una ruptura. Por una parte, el sufrimiento disminuye la capacidad y la energía para enfrentarse con firmeza a los problemas de la relación; por otra, el papel de víctima justifica responsabilizar a terceros o a la suerte. Aunque parezca sorprendente, para muchas personas abordar directamente la ruptura supone una alternativa más aterradora y angustiante que resignarse a convivir miserablemente con una pareja indeseada.

Como expuso la psicoanalista Karen Horney, cuando exploramos de cerca la necesidad de sufrir en las personas, casi siempre nos encontramos con un sustrato de debilidad que alimenta una actitud pasiva y perdedora hacia nosotros mismos, hacia los demás y hacia el destino en general. Actitud que se plasma en el sentimiento de estar siempre a merced de los demás, subordinados a sus juicios y censura, incapaces de capitanear nuestra propia vida. Sentir que lo malo y lo bueno vienen de fuera, que somos impotentes ante la suerte, que constantemente abusan o se aprovechan de nosotros, que, en definitiva, somos mártires. En cierto sentido, estas tendencias masoquistas son el precio que tenemos que pagar por dejar el control de nuestras vidas en manos de otros o de fuerzas exteriores.

A pesar de los mitos que existen sobre la relación de pareja, pienso que los pilares más sólidos sobre los que suele apoyarse: amor, seguridad y felicidad, son frágiles. El ser humano está en proceso continuo de cambio, vivimos en un mundo en constante evolución, y estos estados ideales de dicha son relativos y transitorios. Así es la naturaleza humana. Cuando aceptamos como hechos irrefutables la condición pasajera del enamoramiento pasional, la fragilidad de la seguridad y la esencia fluctuante de la felicidad, hacemos más real y grata la vida de pareja y tendemos a valorar y disfrutar mucho más los buenos momentos, porque reducimos nuestra natural tendencia a hacernos ilusiones vanas o engañosas y a crear exigencias disparatadas y expectativas inalcanzables.

La negación de una sociedad a aceptar la complejidad de la relación de pareja en sus múltiples facetas y su inherente fragilidad no es más que una forma de atropellar la realidad del individuo. Es axiomático que cualquier contrato que imponga una pureza total de sentimientos exija una consistencia absoluta de los deseos o imponga una visión inamovible de la vida, es la antítesis de la naturaleza humana, y no puede por menos que acarrear consecuencias desastrosas.

Es cierto que la ruptura de la pareja tiene muchos de los elementos de una tragedia humana, pero una gran parte del sufrimiento que ocasiona no es un síntoma de enfermedad, sino un signo saludable de supervivencia, de realización, de crecimiento vital y de desafío a la desesperanza, el cinismo, la apatía y el fatalismo humanos. La historia de la humanidad nos demuestra claramente que el hombre y la mujer luchan continuamente por conocerse mejor, por desarrollar su potencial individual de entendimiento y creatividad, por intensificar sus emociones, deseos y pensamientos, y por mejorar el bienestar y la calidad de vida.

Como he apuntado anteriormente, nunca hemos vivido tanto ni tan intensamente como ahora. Nunca tantos hombres y mujeres hemos experimentado mejoras de tal magnitud en nuestras posibilidades de comunicación, nivel de educación, en el acceso a oportunidades y en la democratización general de nuestras vidas. Nuestra eterna añoranza de un pasado idealizado hace que nos olvidemos fácilmente de estos avances, pero muy pocos estaríamos dispuestos a eliminarlos, aunque pudiéramos.

En los últimos años, el abanico de alternativas se ha expandido enormemente. Muchos de los aspectos de la vida social que no hace mucho tiempo se daban por hecho, hoy son opciones, una cuestión de preferencias. En ningún otro momento de la Historia se ha ejercitado tan libremente la capacidad de elegir sobre la cohabitación, la sexualidad, el matrimonio, el divorcio, así como sobre la procreación, la paternidad, la división del trabajo y, en definitiva, sobre la naturaleza y configuración de las relaciones personales. Sin embargo, es evidente que muchos de los desafíos que la vida nos plantea cada día son consecuencia de estos adelantos, de los frutos de la civilización, del progreso.

Por ejemplo, la crisis de los cincuenta no existía cuando era casi un milagro llegar a vivir tantos años, ni se apreciaban el tumulto y la confusión de la adolescencia cuando el trabajo era obligatorio desde la infancia. Por otra parte, es obvio que la liberación de la mujer no era motivo de aprensión en el hombre cuando la misión casi exclusiva de las mujeres era procrear sin descanso y en silencio, ni la realización de la pareja planteaba un desafío cuando las alternativas eran un privilegio y no existía otra opción que el sobrevivir día a día.

Entre las fuerzas que más sustancialmente han moldeado las relaciones de pareja en las últimas décadas se encuentra la prolongación espectacular de la supervivencia. El siglo XX se caracterizó por el aumento triunfante de la duración de la vida. Como resultado de los espectaculares avances de la ciencia y la tecnología médicas, del progreso de la información y, en definitiva, la superior calidad de vida, más del 15 por 100 de la población actual del mundo occidental supera ya los sesenta y cinco años de edad. Mientras que en el pasado las personas solían formar un solo hogar permanente a lo largo de la vida, hoy la mayor longevidad permite a la mayoría experimentar consecutivamente varias relaciones duraderas importantes. De forma que si una relación fracasa, da tiempo a concluirla y probar de nuevo.

Con todo, el progresivo declive del modelo de familia extensa tradicional y el simultáneo auge de la separación, el divorcio y las nuevas relaciones informales han conmocionado a ciertos sectores de la sociedad y han configurado un ruidoso escenario donde prolifera una intensa retórica. En un lado, se alinean los grupos defensores de los conceptos de matrimonio inquebrantable, legal o religioso, y de familia antigua como los únicos modelos admisibles de hogar. Estos sectores condenan con intensidad y fervor moral las nuevas uniones, y en sus esfuerzos por desprestigiarlas las aglutinan y empaquetan juntas con la lista de los abrumadores problemas socioeconómicos de nuestros días —drogas, delincuencia y violencia doméstica—, ofuscando la evaluación real de estos fenómenos. En el lado opuesto, los grupos más liberales celebran y glorifican las nuevas relaciones por ser más libres, tolerantes y realistas para tantas personas que persiguen la felicidad al margen de un modelo de familia ya anacrónico.

El desasosiego que se aprecia es comprensible. Después de todo, la preocupación por la familia —y hasta cierto punto la pareja— como institución fundamental es tan antigua como la humanidad. Tres de los Diez Mandamientos conciernen específicamente a aspectos de las relaciones familiares; y caídas de imperios han sido rutinariamente atribuidas a la desintegración de la estructura o la función familiar. De hecho, muchos pensadores consideran la familia la célula vital de la humanidad, el caldo de cultivo indispensable para un desarrollo emocional y social sano, el eslabón intergeneracional que asegura la estabilidad y supervivencia de la cultura.

No cabe duda de que las nuevas relaciones —los segundos matrimonios de divorciados que agrupan a hijos de orígenes distintos, los matrimonios sin hijos o las parejas que forman un hogar sin casarse—, con sus heterogéneas estructuras y diversos funcionamientos, desafían la validez de los principios psicodinámicos fundamentados en el modelo tradicional de familia biológica intacta que han guiado nuestro conocimiento del ser humano durante décadas, y nos retan a formular otras pautas explicativas de la naturaleza psicosocial humana.

Es obvio que la familia tradicional está evolucionando y dejando atrás su identidad de institución social primaria y universal. Al mismo tiempo, está siendo sustituida por un concepto más flexible y multiforme de nuevas relaciones de pareja, cuya meta esencial es la búsqueda compartida de la calidad de vida y de la felicidad. Sin duda, las posibilidades de realización y felicidad son mayores cuando el individuo, de acuerdo con sus deseos y circunstancias, elige libremente su tipo de relación y no se siente forzado a encasillarse dentro de un patrón rígido de convivencia.

En efecto, cada día es más importante para el hombre y la mujer poder concebir sus emparejamientos como una elección deliberada. Las uniones felices no se logran mediante la imposición autoritaria de principios y modelos inflexibles de relación, sino, como indicó Erich Fromm en *El arte de amar,* a través del conocimiento íntimo y el interés mutuo por la realización de la otra persona, el respeto a su carácter individual, el sentimiento de responsabilidad por el bienestar del otro, el afecto, la ternura, la unión sexual y el amor.

A la postre, las parejas rotas, a pesar de la tragedia humana que representan, no significan la muerte del amor ni del hogar, sino su renacimiento. Reflejan cambio, pero también continuidad. Un final y también un principio. La caída de ideales frustrados y el surgimiento de una nueva ilusión. Porque la necesidad de relación es una fuerza instintiva y vital insaciable en el ser humano.

# BIBLIOGRAFÍA

La lista de trabajos que sigue incluye las obras citadas en el texto y otras que me han sido especialmente útiles.

ADAMS, B. N.: *The American family: a sociological interpretation,* Chicago, Markhan Publishing Co., 1971.

AMBERT, A. M.: *The effect of children on parents,* Nueva York, Haworth Press, 1992.

ARADILLAS, A.: *El divorcio en España,* Barcelona, Luis de Caralt Editor, 1977.

BETTELHEIM, B.: *Essays,* Nueva York, Vintage Books, 1952.

BLAKE, N. M.: *The road to Reno: a history of divorce,* Nueva York, McMillan Publishing Co., 1962.

BLOS, P.: *Son and father,* Nueva York, The Free Press, 1985.

BOSWELL, J.: *The kindness of strangers,* Nueva York, Vintage Books, 1990.

BOWLBY, J.: *Attachment and loss,* Nueva York, Basic Books, Inc., 1969.

CAFFERATA, G. L., y KASPER, J. A.: *Psychotropic drugs: use, expenditures, and sources of payment,* Washington, D. C., U. S. Department of Health and Human Services, 1983.

CALLAN, V.: «The personal and marital adjustment of mothers and of voluntarily and involuntarily childless wives», *Journal of Marriage and the Family,* núm. 49, 1987, págs. 847-856.

CASTELLS, P.: *Separarse civilizadamente,* Barcelona, Plaza Janés, 1999.

DOHRENWEND, B. S., y DOHRENWEND, B. P.: *Stressful life events: their nature and effects,* Nueva York, Wiley and Sons, 1974.

EPSTEIN, J.: *Divorced in America,* Nueva York, E. P. Dutton & Co., 1974.

ERIKSON, E. H.: *Chilhood and society,* Nueva York, W. W. Norton, 1950.

— *Life history and the historical moment,* Nueva York, W. W. Norton, 1978.

ERLICH, A.: *Hamlet's absent father,* Princeton, N. J., Princeton University Press, 1977.

FISHER, H. E.: *Anatomy of love,* Nueva York, W. W. Norton, 1992.

FRANK, J. D.: *Persuation and healing,* Nueva York, Schocken Books, 1974.

FREUD, S.: *Standard Edition,* Londres, The Hogarth Press, 1955.

FROMM, E.: *The art of loving,* Nueva York, Harper & Row Publishers, 1956. Trad. española: *El arte de amar,* Barcelona, Paidós Ibérica, 1992.

FUENMAYOR, A.: *Divorcio: legalidad, moralidad y cambio social,* Pamplona, EUNSA, 1981.

GLICK, P., y NORTON, A.: «Marrying, divorcing and living together in the U. S.», *Today. Population Bulletin,* núm. 32, Washington, D. C., Population Reference Bureau, Inc., 1979.

HALEY, J.: *Strategies of psychotherapy,* Nueva York, Grune & Stratton, 1963.

HIPPOCRATES: *The Law,* Chicago, Great Books of the Western World. Encyclopedia Britannica, Inc., 1952.

HORNEY, K.: *Neurosis and human growth,* Nueva York, W. W. Norton, 1950.

— *The neurotic personality of our time,* Nueva York, W. W. Norton, 1937. Trad. española: *La personalidad neurótica de nuestro tiempo,* Barcelona, Paidós Ibérica, 1987.

HUNT, M., y HUNT, B.: *La experiencia del divorcio,* Barcelona, EDHASA, 1979.

JACOBSON, G. F.: *The multiple crises of marital separation and divorce,* Nueva York, Grune & Stratton, 1983.

KAFKA, F.: *Carta al padre,* Madrid, Akal, 1981.

KOHUT, H.: *The analysis of the self,* Nueva York, International University Press, 1971.

*La mujer en cifras,* Madrid, Ministerio de Asuntos Sociales, Instituto de la Mujer, 1997.

LASCH, C.: *The culture of narcissism,* Nueva York, W. W. Norton, 1978.

LENZ, E., y MYERHOFF, B.: *The feminization of America,* Nueva York, St. Martin's Press, 1985.

MAHLER, M. S.; PINE, F., y BERGMAN, A.: *The psychological birth of the human infant,* Nueva York, Basic Books, 1975.

MEAD, M.: *Male and female: a study of sexes in a changing world,* Nueva York, William Morrow, 1949.

MIGUEL, A. DE: *La sociedad española, 1995-96,* Madrid, Alianza Editorial, 1995.

MIRET MAGDALENA, E.: *El divorcio,* Madrid, Guadiana de Publicaciones, 1975.

MONTAIGNE, M. DE: *The complete essays,* Stanford, Stanford University Press, 1958. Trad. española: *Ensayos,* Madrid, Cátedra, 1985.

MORRIS, D.: *The end of marriage,* Londres, Cassell & Co., 1971.

*Mujer, trabajo y maternidad,* Madrid, Ministerio de Asuntos Sociales, Instituto de la Mujer, 1992.

MURDOCK, G. P.: «Family stability in non-European cultures», *The Annals,* núm. 272, 1950, págs. 195-200.

O'GORMAN, H. J.: *Lawyers and matrimonial cases,* Nueva York, The Free Press, 1963.

PARACELSO: Citado en *El arte de amar,* Erich Fromm, Nueva York, Harper & Row, 1956.

PERSON, E. S.: *Dreams of love and fateful encounters,* Nueva York, Penguin Books, 1989.

ROJAS MARCOS, L.: *La decisión de divorciarse,* Madrid, Colección Austral, Espasa Calpe, 1986.

ROJAS MARCOS, L.: *La ciudad y sus desafíos. Héroes y víctimas,* Madrid, Espasa Calpe, 1992.

— *Las semillas de la violencia,* Madrid, Espasa Calpe, 1995.

— *Nuestra felicidad,* Madrid, Espasa Calpe, 2000.

RUBIN, T. I.: *Compassion and self-hate,* Nueva York, David McKay Co., 1975.

SHAW, G. B.: *Getting married,* Londres, Constable, 1908.

SKOLNICK, A.: *Embattled paradise,* Nueva York, Basic Books, 1991.

TURGENEV, I.: *Fathers and sons,* Nueva York, Farrar, Straus and Giroux, 1962. Trad. española: *Padres e hijos,* Madrid, Col. Austral, Espasa Calpe, 1990.

WALLERSTEIN, J. S., y KELLY, J. B.: *Surviving the break-up,* Nueva York, Basic Books, Inc., 1980.

WALLERSTEIN, J. S., y BLAKESLEE, S.: *Second chances,* Nueva York, Ticknor Fields, 1990.

WALLERSTEIN, J. S., y LEWIS, J. M.: *The unexpected legacy of divorce,* Nueva York, Hiperion, 2000.

WEISS, R. S.: *Marital separation,* Nueva York, Basic Books, Inc., 1975.

WESTOFF, L. A.: *The second time around: remarriage in America,* Nueva York, Viking Press, 1977.

WOLF, N.: *The beauty myth,* Nueva York, William Morrow, 1991. Trad. española: *El mito de la belleza,* Barcelona, EMECE, 1991.

ZARRALUQUI, L.: *Divorcio, defensa del matrimonio,* Barcelona, Bruguera, 1980.

12|13 ⑧ 7/11